Nordenau & der Schieferstollen

Hinweise für den Leser

Sigi Nesterenko

Nordenau &
der Schieferstollen

Alle Rechte bei der Autorin
Herstellung: Books on Demand GmbH, Norderstedt
ISBN 3-8330-0504-1

Gute Ideen sind der Zeit meist weit voraus.

Sie bringen den Fortschritt und durchlaufen nach Arthur

Schopenhauer

bis zu seiner Anerkennung immer 3 Phasen.

In der ersten werden sie belächelt,

in der zweiten bekämpft,

bevor sie in der dritten Phase als selbstverständlich angesehen

werden.

Gute Ideen lassen sich nicht auslöschen.

So war es zu allen Zeiten.

Galileo Galilei

Inhalt

Vorwort

Lieber Leser,

was erwarten Sie von diesem Buch?

Was erwarten Sie von einem Besuch im Schieferstollen in Nordenau? Was hat das eigentlich auf sich mit dem Stollen? Stimmt das wirklich alles, was man so über den Stollen hört? Ist da tatsächlich was dran, dass Kranke wieder gesund geworden sind? Hilft mir der Stollen vielleicht auch?

Sie sehen, der Stollen hinterlässt viele Fragezeichen, aber wie sieht es mit den Antworten aus? Wenn Sie sich mit dem Thema Stollen Nordenau auseinandergesetzt haben, sind Ihnen sicherlich unendlich viele Fragen eingefallen, die Sie sich möglicherweise bisher noch nicht beantworten konnten. Die greifbaren veröffentlichten Informationen sind bisweilen nicht sehr umfangreich, teilweise widersprüchlich oder gar der Sache nicht angemessen. Interessante Forschungsergebnisse hingegen sind nur auf Englisch erhältlich, weil sie auf internationaler Ebene publiziert werden.

Dieses Buch soll Ihnen dabei helfen, sich ein klareres, aber auch eigenes Bild über den Stollen Nordenau zu machen und Ihnen zahlreiche Antworten auf Ihre vielen Fragen geben.

Aus verschiedenen Perspektiven wird das Phänomen des Stollens beleuchtet. Zahlreiche Erfahrungs-

und Forschungsberichte werden schließlich dokumentiert, die zweifellos zeigen, dass es doch etwas mit der Wirksamkeit des Stollens auf sich haben muss. Die Frage ist nur, was ist es?

Aber finden Sie es doch einfach selbst heraus, Seite für Seite in diesem Buch.

Sigi Nesterenko

Ortsschild Nordenau

Der Ort Nordenau

Wo eigentlich liegt Nordenau?

Das ist meistens die erste Frage, die man sich stellt, wenn man vom Schieferstollen hört. Dabei ist das eigentlich ganz einfach: mitten im Hochsauerland. Da, wo fast jedes Dorf seinen eigenen Kirchturm und eine Schützenhalle hat. Wo man mit einem freundlichen „Tach" begrüßt wird, und die Sätze mit dem Wörtchen „woll" enden. Da, wo der Nachname zum Vornamen wird und „Schmidt´s Hennes" neben „Schulten Jupp" wohnt und am „Gattenzaun" ein „Pröhleken" hält. Wo ein „Hümmelchen" ein einfaches Schälmesserchen ist und an den Autos HSK nicht für „Hilfe, sie kommen" sondern für Hochsauerlandkreis steht.

Nordenau liegt da, wo die Bodenständigkeit noch groß geschrieben wird, und man das Gefühl hat, in einer heilen Welt angekommen zu sein. Nämlich da, wo die Kühe schwarz-weiß wie die Häuser sind. Ganz genau, da liegt Nordenau, woll.

Man fährt hoch hinaus auf seinem Weg nach Nordenau. Auf einem Bergrücken mit einer Höhe zwischen 600 und 800 m.ü.M. ist Nordenau eingebettet in die tiefgrünen, satten Wälder des Rothaargebirges und oberhalb des anmutigen Nesselbachtals. Bis zum bekannten "Kahler Asten" und somit dem nicht weniger bekannten Wintersport- und Kurort

Winterberg sind es nur wenige Kilometer. Die Stadtgrenze zwischen Schmallenberg und Winterberg läuft genau an Nordenau vorbei, und manch ein Fuchs und Hase auch.

Mit seinen 350 Einwohnern ist Nordenau staatlich anerkannter Luftkurort und der östlichste Ortsteil der Stadt Schmallenberg, die aus insgesamt 84 Dörfern und Dörfchen besteht und als das „Schmallenberger Sauerland" bekannt ist. Mit einer Fläche von 303 km² ist Schmallenberg die größte kreiszugehörige Stadt Nordrhein-Westfalens.

Egal aus welcher Richtung man kommt, Nordenau bietet von allen Seiten ein faszinierendes Landschaftsbild. Ob man durch die sich schlängelnden Straßen durch tiefgrüne Wälder vom Hochplateau des Herhagens her kommt, von Westfeld herauf oder vom Kahlen Asten herunter.

Die meisten Gäste wählen die Anreise über Winkhausen und Oberkirchen und kommen an der bekannten Kunstschmiede Schütte vorbei, die auf der rechten Seite mit einer großen Pferde-Statue an der Einfahrt nicht zu übersehen ist. Von dort aus sind es dann nur noch etwa 5 Kilometer bis zum Stollen.

Urkundlich erwähnt wird Nordenau erstmalig im Jahr 1297, aber man weiß, dass der Ort viel älter ist. Mit Wormbach und Oberkirchen lag Nordenau an der bedeutenden Heidenstraße, die in alten Zeiten die Städte Köln und Kassel verband. Die Heidenstraße besagt, dass die Orte schon in heidnischer Zeit, also vor dem Jahr 800, von Bedeutung waren.

Um 1260 wurden die Edelherren von Nordenau Schirmvögte des in der Nähe liegenden Klosters Grafschaft. Mit der zunehmenden Bedeutung des Klosters zu einem der wichtigsten Kulturmittelpunkte im Sauerland wuchs auch das Ansehen und die Macht der Edelherren in Nordenau. So wurden sie Herren des Hochgerichtes und Vorsitzende des großen Freibannes im Assinghauser Grund.

Vor 600 Jahren ließ Herr Wittekind von Grafschaft, der einem alten Rittergeschlecht angehörte, die Burg Nordenau errichten. Heute stehen die etwa 20 Fuß hohen Reste der damaligen Burg Nordenau als wuchtige Ruine auf dem Fels Rappelstein. Der Umfang des Burgplatzes ist heute noch ganz sichtbar. Die Mauerreste beeindrucken durch die großen regelmäßig gemauerten Steine, deren Fugen weder mit Mörtel, noch mit zerschlagenem Gries gefüllt sind. Einen Zugang von außen gibt es nicht.

Unmittelbar zu Füßen der Burgruine liegt die kleine barocke Kirche, die den Mittelpunkt des idyllischen Fachwerkdorfes bildet. Gegenüber der Kirche ist das einzige Lebensmittelgeschäft Nordenaus, direkt daneben liegt die Bushaltestelle, von der aus man ein paar mal täglich nach Winterberg und Schmallenberg fahren kann. Als Inhaber der Schmallenberger Gästekarte sogar kostenlos.

Bis Anfang der 90er Jahre lebte Nordenau in seiner Ruhe vor sich hin und in den vergangenen Jahrzehnten in erster Linie vom Tourismus. Vielen langjährigen Stammgästen war es mit der Zeit manchmal zuviel Ruhe geworden. Im Laufe der Jahre hatten sie sich andere attraktive Urlaubsorte auf Deutschlands Landkarte gesucht, manch einer hatte mittlerweile aber auch ein gesegnetes Alter erreicht, in dem man selbst bis Nordenau nicht mehr kommt. Es wurde noch ruhiger in Nordenau als es eh schon war.

Seit einigen Jahren verzeichnet Nordenau jedoch wieder ein steigendes Interesse bei den Besuchern, was besonders auf die Entdeckung des Schieferstollens zurückzuführen ist. Mittlerweile ist die Nachfrage sogar so angestiegen, dass die Gäste gelegentlich auf andere Termine oder Nachbarorte ausweichen müssen, weil alle Betten (immerhin 700) in Nordenau ausgebucht sind. Besonders in den Monaten April bis Oktober kann das häufiger vorkommen, und längerfristige Buchungen sind unbedingt anzuraten, wenn man zu einem bestimmten Termin in einem bestimmten Hotel wohnen möchte.

Diese steigende Nachfrage nach Unterkünften ist auch in den Nachbarorten Nordenaus festzustellen. Wem es in Nordenau nämlich zu ruhig ist und mehr Abwechslung wünscht, weicht zum Beispiel auf den einzigen Kurort der Stadt Schmallenberg aus und bucht ein Hotel in dem Kneippheilbad Bad Fredeburg. Die dortige Kurverwaltung hat mittlerweile auf dieses gestiegene Interesse mit entsprechenden Pauschalangeboten mit dem Namen „Gesundheit und Schieferstollen" reagiert. Die Preise dieser interessanten Programme wie Thalasso-, Beauty-, Massage- und Venen-Fit-Angebote beinhalten neben den Unterkünften und Anwendungen bereits den Stolleneintritt. Einige Vermieter bieten auch einen Transfer zu dem 15 Minuten entfernten Stollen in Nordenau an, falls man nicht mit eigenem PKW anreist.

In Nordenau und seinen Nachbardörfern hat sich in den vergangenen 10 Jahren immens viel verändert, seit es den Schieferstollen gibt. Es ist nicht mehr zu übersehen: in die Beschaulichkeit Nordenaus ist viel Leben eingekehrt. Der Stollen macht´s möglich.

Heute ist der Stollen in Nordenau allgegenwärtig. Ob es im Cafe Rötz ist, wo man das Stollenbrot kaufen kann. Oder in dem einzigen Lebensmittel-Lädchen des Ortes, wo große leere Wasserkanister zum Abfüllen des Stollenwassers angeboten werden. Am deutlichsten merkt es schließlich jeder Fußgänger, der durch den Ort schlendert und von Neuankömmlingen nach dem Weg zum Stollen gefragt wird. **Der Stollen, das ist Nordenau, oder auch umgekehrt.**

Schiefer – das schwarze Gold des Sauerlandes

Durch unterschiedliche geologische Zufälle entstand in der Devon-Zeit vor 350 bis 400 Millionen Jahren ein Sedimentgestein aus feinkörnigem Tonschlamm: Schiefer, der sich unter dem Auflagerungsdruck in Tonstein verfestigte.

Über Jahrtausende hinweg hat sich Schiefer als ein idealer Baustoff bewährt und wurde bereits in der Römerzeit als Dachmaterial eingesetzt. Die Verwendungsmöglichkeiten sind heute sehr vielseitig und erstrecken sich vom Dach über Gartengestaltung bis hin zu Kunstobjekten. In unserer heutigen umweltorientierten Zeit machen die bauphysikalischen Eigenschaften den Schiefer zu einem ganz aktuellen Werkstoff und mehr denn je zu einem exklusiven Naturbaustoff.

Für das Auffinden von abbaufähigem Schiefer wird neben bergmännischem Einfühlungsvermögen auch eine große Portion Glück benötigt. Besonders ohne irgendwelche Anzeichen gestaltet sich die Suche auf der grünen Wiese fast als Detektivarbeit. Bevor Kernbohrungen vorgenommen werden, sammelt der Schiefersucher mithilfe von geophysikalischen Methoden entsprechende Vorabinformationen.

Schiefer liegt schichtweise in der Tiefe der Berge und wird von Verwerfungen unterbrochen. Der abbauwürdige Schiefer ist in raue Tonschieferlager gebettet und nur selten im Tagebau zu gewinnen.

Schiefervorkommen gibt es in vielen Ländern der Erde, innerhalb und außerhalb Europas. Die meisten Lagerstätten werden jedoch nicht nennenswert abgebaut, weil es sich meistens nur um Sedimentgestein mit schiefriger Struktur handelt und nicht die Mindestanforderungen hinsichtlich der Witterungsbeständigkeit erfüllt. Stellt sich heraus, dass der Schiefer von vornherein ungeeignet als Dachschiefer ist, gilt er im Schiefergewerbe als nicht abbauwürdig. Für welche Zwecke der entdeckte Schiefer verwendet werden kann, kommt jeweils auf die Zusammensetzung an. Dachschiefer, zum Beispiel, benötigt die richtige Härte und Wetterbeständigkeit.

Mengenmäßig bedeutende Produktionsstätten finden sich in Spanien, Frankreich, Großbritannien, Deutschland und Portugal. Mit großem Abstand das größte Verbraucherland ist Frankreich, gefolgt von Deutschland, Benelux und Großbritannien. Man geht davon aus, dass die Schiefervorkommen in Deutschland noch für mehrere Jahrhunderte ausreichen werden.

In Deutschland ist das Sauerland eines der bekanntesten Schieferabbaugebiete. Das große rheinische Schiefergebirge erstreckt sich über eine Länge von 350 Kilometern und einer Breite von 150 Kilometern und endet im Sauerland. In dieser Region zeugen ganze Schieferdörfer von den Bodenschätzen, dem schwarzen Gold, das aus der Tiefe kommt. Sauerländer Schiefer wird nicht nur im europäischen Ausland geschätzt, sondern auch in außereuropäischen Ländern wie Japan und Amerika wurden bereits Dächer eingedeckt.

Dem Sauerländer Schiefer hat man in einem Museum eine informative Ausstellung gewidmet. Wer sich für die Schiefergewinnung, Weiterverarbeitung und den schweren Beruf des Bergmanns interessiert, findet viele Antworten im Schieferbergbaumuseum in Schmallenberg – Holthausen.

Auf dem Weg dorthin kommt man bereits an riesigen Schieferhalden vorbei, die aus Abfällen aus der Produktion von Dach- und Plattenschiefer bestehen. In Mahlbetrieben werden diese Schieferreste zu Mehl und Splitt verarbeitet und anschließend für den obersten Belag auf Dachpappe verwendet, sodass viele Menschen Schiefer auf ihrem Dach haben, ohne es eigentlich zu wissen.

Die Geschichte des Schieferstollens

Im alten Schieferstollen „Brandholz" wurde einst das „schwarze Gold" des Sauerlandes gewonnen, was auch heute noch durch die zahlreichen Schieferdächer auf den Fachwerkhäusern unschwer zu erkennen ist. Im Jahr 1867 wurde der Schieferstollen Nordenau zum ersten Mal in den Akten des Bergamtes Siegen erwähnt. Bereits seit dem Jahr 1892 gehört der Stollen der Familie Tommes, in dem im Jahr 1927 der letzte Schiefer abgebaut wurde.

In den besten Zeiten waren bis zu 70 Bergleute im Stollen beschäftigt, doch durch die Zunahme ausländischer Konkurrenz im Schieferabsatz wurde der Abbau nach und nach ganz aufgegeben.

Viele Jahre später nach dem letzten Schieferabbau wurde der Stollen umfunktioniert und diente lange als Weinkeller des benachbarten Hotels Tommes. Mit einer immer gleich bleibenden Temperatur von 7 °C bietet er optimale Bedingungen für die Aufbewahrung von Weinflaschen, durchschnittlich lagerten hier 700 Flaschen „Schwabbacher Himmelreich".

Bis zu jenem 05. Januar im Jahre 1992, als der holländische Gast aus Kerkrade und einstige Installateur Alvin van Balkom bei einer Weinprobe ein

Energiefeld zu spüren glaubte. Nach dem ersten Schluck Stollenwasser hatte Herr van Balkom das Gefühl, eine starke Konzentration positiver Energie zu erfahren. Theo Tommes schenkte dem zunächst keine Bedeutung.

Doch ist seit diesem Tag in Nordenau nichts mehr so wie es vorher war. Zunächst ganz langsam und anfangs ausschließlich durch Mund-zu-Mund-Propaganda kamen täglich immer mehr Besucher und wollten diesen sagenumwobenen Ort mal von der Nähe aus betrachten.

Als Herr Tommes den Stollen für Besucher öffnete, durften anfangs aus Sicherheitsgründen nur maximal 20 Gäste hinein. Doch sehr bald wurden sämtliche erforderlichen Sicherheitsvorkehrungen getroffen, die das Bergamt Siegen verlangte, und die es nun ermöglichen, dass bis zu 75 Besucher pro Stollengang Einlass bekommen.

Die Stollenbesucher berichteten Herrn Tommes von oft schier unglaublichen Verbesserungen der Befindlichkeitsstörungen bis hin zu Heilungen diverser Krankheiten. Für Theo Tommes waren es selbst oft unvorstellbare Geschichten und völlig neue Erfahrungen, war er doch schließlich seit vielen Jahren Hotelier und nicht Naturwissenschaftler oder Mediziner. Zunächst konnte er sich selbst die Entwicklung und oftmals erstaunlichen Erlebnisse in seinem ursprünglichen Weinkeller nicht erklären. Das, was er sah und von den Stollenbesuchern hörte, machte ihn jedoch zunehmend neugieriger und aufmerksamer.

Den zahlreichen Fragen der Besucher stand Theo Tommes zunächst jedoch oft ratlos und schulterzuckend gegenüber. Das einzige, was er wusste, war, dass irgendetwas an dem Stollen dran sein muß. Aber was?

Um diesem faszinierenden Phänomen auf die Spur zu kommen, entwickelte er zunächst Fragebögen, die er im Warteraum des Stollens auslegte. Darin konnte jeder Besucher seine Motivation für seinen Besuch dokumentieren, über seine Krankheit berichten und eventuelle Veränderungen durch den Stollenbesuch schildern. Diese Zufallsbeobachtungen waren die Basis, um 1997 mit statistisch auswertbaren Beobachtungen zu beginnen, die unter dem Namen „Nordenau-Phänomen" bekannt geworden sind und unter medizinischer Fachkompetenz geleitet werden (siehe Kapitel „Das Nordenau-Phänomen").

Je mehr oft unerklärliche Gesundungserlebnisse in dem Stollen vonstatten gingen, je mehr Besucher täglich nach Nordenau pilgerten, desto aufmerksamer wurden auch die unterschiedlichsten Medien in Deutschland und im Ausland. Redakteure von Tageszeitungen, Magazinen, Regionalsendern, öffentlich-rechtlichen Sendern bis hin zu internationalen Fernsehsendern reisten nach Nordenau und berichteten im Laufe der Jahre über den Stollen und seine Besucher. Immer wieder standen plötzlich

Kamerateams an der Rezeption vom Hotel Tommes und wollten über die geheimnisumwobene Grotte im Sauerland berichten, die mittlerweile den Ruf vom „Lourdes im Sauerland" bekommen hatte.

Als vor einigen Jahren sogar eine japanische Journalistin im Hotel Tommes auftauchte und anschließend eine interessante Filmdokumentation im japanischen Fernsehen ausstrahlte, wurde der Grundstein der Verbindung des Stollens und Japan gelegt. Seitdem reisen stetig mehr Japaner nach Nordenau, viele Stammgäste kommen mittlerweile seit einigen Jahren regelmäßig immer wieder. Einmal im Jahr eine Woche im Stollen Nordenau gönnt man sich, obwohl die Anzahl der Urlaubstage in Japan weitaus geringer ausfällt als in Deutschland.

In der Zwischenzeit ergab sich sogar die Möglichkeit einer Zusammenarbeit mit der japanischen Kyushu-Universität in Fukuoka, mit deren Unterstützung und Grundlagenforschung es gelang, einen Teil der Wirkmechanismen des „Nordenau-Phänomens" zu klären.

Der Schieferstollen heute

Wo ist der Stollen?

Das ist die Frage, die man als Fußgänger entlang der Hauptstraße in Nordenau nicht selten von vorbeifahrenden Autofahrern gestellt bekommt. Dabei ist man eigentlich schon fast da, wenn man erst mal den Weg durch die vielen Täler, Kurven und über grüne Bergrücken erfolgreich geschafft hat.

Kommt man aus der Richtung Oberkirchen, so fährt man einfach die Hauptstraße durch Nordenau bis ans Ortsende und biegt in die letzte Straße rechts rein. Dort an der Einmündung befindet sich die Bushaltestelle „Talweg", die eigens für den Stollen eingerichtet wurde. Verpasst man diese Abfahrt, landet man zwangsläufig in Neuastenberg (Ortsteil von Winterberg), was nicht weiter schlimm ist, aber ein paar Kilometer Rückfahrt bedeutet.

Der Schieferstollen in Nordenau ist heute weit über die Grenzen des Sauerlandes hinaus bekannt. Hunderte von Menschen besuchen mittlerweile täglich den Stollen, der sich, ähnlich wie Lourdes, zu einer deutschen Pilgerstätte entwickelt hat. Für viele Besucher, nationale und internationale, ist er inzwischen zu einem Synonym von Gesundheit geworden.

Schaut man sich auf dem Parkplatz des Stollens um, so erblickt man Autokennzeichen quer aus der

Republik; aus Hamburg, Bremen, Hamm, Mettmann, Kassel und vielen anderen Orten mehr, selbst Autos mit Schweizer Kennzeichen sind keine Seltenheit. Dabei wechseln sich kleine und große Autos in aller Regelmäßigkeit ab, Käfer steht neben Jaguar und Lupo neben BMW.

Die ersten Gäste treffen bereits morgens pünktlich um 8.00 Uhr ein. Das sind in der Regel die Besucher, die in einer Unterkunft in Nordenau wohnen und nur einen kurzen Anfahrtsweg haben. Richtig lebendig wird´s zwei Stunden später. Der tägliche Großansturm beginnt in der Regel um 10.00 Uhr. Dann kommen die Reisegruppen in Bussen aus dem Ruhrgebiet, Rheinland und Hessen und parken auf dem extra ausgewiesenen Busparkplatz des Stollens. Busse bringen Alte, Kranke, Behinderte und viel Hoffnung in geballter Ladung.

Bepackt mit mitgebrachten Wasserbehältern und einer warmen Jacke gehen die Busgruppen, in der Überzahl grauhaarige Seniorinnen, dann Richtung Stolleneingang. An Werktagen sind diese Gruppen noch überschaubar, aber am Wochenende, besonders in den Sommermonaten, kann es schon mal ziemlich voll werden. Dann kommen nämlich besonders viele Tagestouristen und Wochenendurlauber, die irgendwoher von diesem Stollen in Nordenau gehört haben.

Da soll es oben im Sauerland so eine Schieferhöhle geben, die angeblich schon so manchem Menschen zur Gesundheit verholfen hat. Spannende und oft unglaubliche Geschichten haben sie oft von Bekannten, Verwandten oder Mitpatienten erzählt bekommen. Aber was ist da denn nun wirklich dran? Alles nur Erzählerei und Hokuspokus?

Man setzt sich schließlich selbst ins Auto und fährt die vielen Kurven und Berghügel hinauf nach Nordenau, will sich einfach selbst ein Bild machen und sich gegebenenfalls auch eines Besseren belehren lassen. Und jetzt ist man hier, um es selbst zu erfahren oder auch nicht. Die Erfahrungen sind da sehr unterschiedlich.

Aber können sich so viele Menschen täuschen? Über hunderttausend Menschen pilgern jährlich hierher, die Tendenz ist steigend, viele Besucher kommen immer wieder.

Durchschnittlich zweimal täglich gehen sie in die Grotte, manche können nicht genug davon bekommen und laufen fünf mal täglich hinein. Empfohlen wird immer eine Pause zwischen den einzelnen Stollengängen, damit sich der Organismus wieder entladen kann. Nicht ohne Grund ist schließlich jeder Stollengang auf 20 Minuten begrenzt. Auch die Stollenführer setzen sich nicht pausenlos dem Energiefeld aus. Mehrmals täglich stellen sie sich zwischendurch immer wieder an die Heizung im Vorraum, um sich sozusagen zu entladen.

Wie oft und wie lange man sich dem Energiefeld aussetzen sollte, ist sehr individuell und findet letztendlich jeder für sich selbst heraus. Schließlich reagiert jeder Mensch anders auf den Stollen. Sensible Menschen spüren direkt beim ersten Stollengang, dass da irgendetwas passiert in dieser Schieferhöhle in Nordenau. Manch anderer braucht halt etwas länger. Es gibt auch Besucher, die gar nichts merken.

Bevor man in den Stollen geht, sollte man sich die Hinweise genau durchlesen, die am Eingang ausgehängt sind:

---

der Zutritt wird nicht empfohlen für Besucher mit Herzschrittmacher und Schwangere ab dem 8. Monat.

Tiere haben keinen Zutritt

der Stollen ist für Rollstuhlfahrer zugänglich, die Stollenführer sind dabei gerne behilflich

die Mitnahme von Chipkarten und Digitalkameras wird nicht empfohlen

---

Öffnungszeiten:

8.00 Uhr – 19.00 Uhr Einlass jede volle und halbe Stunde

- letzter Einlass um 18.30 Uhr

- ganzjährig und durchgehend geöffnet

Tipps:

beim Einlass um 8.00 Uhr und 8.30 Uhr haben die Hotelgäste des Hotels Tommes bevorzugt Eintritt

nach 16.00 Uhr ist es meistens leerer und in der Regel hat man keine Wartezeiten

Eintrittspreise:

6,- € pro Person

5,- € pro Person für Kurkarteninhaber aus dem „Schmallenberger Sauerland" und Winterberg

Kinder bis zum vollendeten 13. Lebensjahr bezahlen die Hälfte

(Angaben vorbehaltlich Änderungen und ohne Gewähr)

Im Stollen

Der Weg vom Parkplatz führt zuerst an die Rezeption des Hotels Tommes, um eine Eintrittskarte für den Stollen zu erwerben. Hat man dort seine 6 Euro bezahlt, geht man mit der Eintrittskarte hinüber in den Warteraum des Stollens. Direkt neben dem Eingang ist der kleine Shop der Firma Bopa, wo man neben Kosmetikartikeln, die mit Stollenwasser angereichert sind, auch leere Kanister für die Mitnahme des Wassers kaufen kann.

Im Warteraum angekommen, blickt man sich erst mal neugierig um und liest die verschiedenen Hinweisschilder, die an den Wänden hängen. Man läuft zwischen den Sitzbänken auf und ab, schaut aus dem Fenster, sieht weitere Stollenbesucher auf den Eingang zukommen. Auf einer Ablage liegt ein großer Stapel mit Informationsblättern, die über Erfahrungen von zahlreichen Stollenbesuchern berichten. Schließlich nimmt man Platz auf einer der rustikalen Sauerländer Holzbänke.

Lässt man seinen Blick durch den Raum schweifen, verharrt dieser schließlich an mehreren Figuren, die auf dem Sims stehen. Dort, oberhalb der Sitzbänke, stehen drei große Madonnenfiguren, die seinerzeit von erkrankten Besuchern aus Dankbarkeit gespendet wurden. Wie auf den angebrachten Hinweisschildchen zu lesen ist, stiftete ein unbekannter

Spender am 26. November 2001 nach seiner Heilung von Prostatakrebs die Figur „Johannes an der Brust Christi", Carl Muth, Erbgraf von Jüngst, wurde von Lymphdrüsenkrebs geheilt und spendete „Maria mit Jesus".

Blickt man sich weiter im Warteraum um und schaut sich die anderen 50 wartenden Stollenbesucher an, fragt man sich, was sie wohl zu einem Besuch bewegt hat, ob sie zum ersten Mal hier sind oder ob sie vielleicht zu den zahlreichen und immer mehr werdenden Stammgästen gehören. Bei manchen kann man die Motivation erahnen, bei manchen kann man das Leid sehen, und einer hat den Weg hierher im Rollstuhl geschafft.

Eins ist sicher, man hat nicht das Gefühl, hier im Warteraum in einer Gruppe von „Spinnern" gelandet zu sein. Man hat vielmehr den Eindruck, in einem Raum voller Hoffnung zu sitzen, ein Wartezimmer wie in einer Arztpraxis, wo man mit seinem Leid geparkt ist und auf Gesundung hofft. Ob alt oder jung spielt hier wohl keine Rolle. Auch kleine japanische Kinder kommen mit neugierigen Augen an der Hand ihrer Mutter durch die Tür gestolpert.

Immer wieder schweifen die Blicke durch den Warteraum. Nochmals schaut man zu den Hinweisschildern an der Wand, die ein paar Verhaltensweisen zum Einlass in den Stollen empfehlen. Dabei wird unter anderem die Mitnahme von Chipkarten nicht angeraten, weil der Magnetstreifen durch das Energiefeld im Stollen beeinflusst werden kann.

Man sollte sich also rechtzeitig überlegen, ob man seine Kreditkarte, aber auch die Digitalkamera, unbedingt mit in den Stollen nehmen möchte. Gut für den, der das vorher wusste, so hat er diese Dinge von vornherein erst gar nicht mitgebracht.

Besonders interessant ist die große verglaste Schautafel an der rechten Wand, für die man sich etwas mehr Zeit nehmen sollte. Auf Englisch werden hier anschaulich die Ergebnisse der Untersuchungen zum Nordenau-Phänomen von 1998 erläutert und anhand von zahlreichen Graphiken und Diagrammen dargestellt. Ausführliche Informationen auf Deutsch kann man in der Broschüre „Nordenau-Phänomen" nachlesen, die an der Rezeption vom Hotel zu erwerben ist.

Man schaut auf die Uhr. Es ist punkt 15.00 Uhr, die schwere Stahltür zum Stollen öffnet sich. Wie auf Kommando stehen alle Besucher von den Sitzbänken auf und gehen Richtung Stolleneingang. Es gibt kein Gedrängel, alles geht in aller Seelenruhe vor sich. Ein gemütlicher Stollenführer mit gelbem Sicherheitshelm nimmt die Eintrittskarten entgegen, grummelt ein freundliches „Tach" und weist den Weg links in den Stollengang. Ahnungslos trabt man hinterher. Die anderen 50 Besucher auch.

Zuerst kommt man in einen kleinen Vorraum, in dem kostenlos verfügbare Rollstühle stehen. Der insgesamt 4000 Meter lange Stollen ist für Besucher bis zu 50 Metern Tiefe begehbar und rollstuhlgerecht. Hat man keine Begleitperson, die den Rollstuhl in den Stollen schieben kann, so stehen die Stollenführer jederzeit zur Hilfe bereit.

In der Ecke hängen an den Garderobenhaken zahlreiche gelbe Schutzhelme, die sich nehmen kann wer möchte, falls man Angst hat, sich am niedrigen Deckengewölbe den Kopf zu stoßen oder ungerne ein paar Wassertropfen auf sein Haupt fallen lassen möchte.

Nach dem Vorraum folgt man dem Stollenführer durch den mit Neonröhren beleuchteten Gang in das graue Schiefergewölbe. Der Gang ist eigentlich unspektakulär, für durchschnittliche 1,65 Meter bequem zu durchlaufen, größere Besucher ziehen freiwillig ihren Kopf etwas ein. Die ersten Meter sind fester Bodenbelag, dann wird´s kieseliger, lockere Schieferteilchen liegen auf dem Fußboden. Die Schuhe verfärben sich leicht an den Rändern mit grauem feuchten Schlamm.

Die Besucher folgen dem Stollenführer mit neugierigen Blicken durch den engen Gang ins Stolleninnere und schauen noch erwartungsvoller, als sie schließlich am Ende ankommen, wo sich die Felswände wie ein großer Saal öffnen. Die dunklen, kantigen Wände sind feucht, es dröppelt von oben auf den Kopf, in der Mitte der Grotte plätschert eine klare Wasserquelle in ein Bassin. Neben dem Auffangbecken steht ein großer Tisch, auf dem man seine mitgebrachten Wasserbehälter abstellen kann.

Spätestens jetzt erkennt man, wer nicht zum ersten Mal hier ist: Kenner lassen sich etwas Quellwasser auf die Hände gießen, weil sie meinen, dass so die Strahlungen noch intensiver aufgenommen werden können. Anschließend nimmt sich jeder einen weißen Plastikstuhl vom Stapel und sucht sich einen angenehmen Standort, wo er die intensivsten Energien vermutet. Es fällt auf, dass viele Besucher bereits ihren Platz von vorherigen Besuchen her kennen, indem sie zielgerichtet in die linke oder rechte Ecke steuern oder direkt an dem Tisch vorbeigehen und sich neben die Schieferwand stellen. Andere nehmen das nicht so genau und gehen einfach dorthin, wo noch Platz ist.

Die rauen Schieferwände des Stollens werden durch gedämpftes Licht erhellt, das Wasser der Quelle plätschert beruhigend vor sich hin. Die Besucher sitzen dick eingepackt auf den Plastikstühlen oder stehen dicht an der Schieferwand. So manchen Wassertropfen lassen sie von der Stollendecke auf sich runterdröppeln, was dem Stollen den netten Beinamen „Dröppelbude" eingebracht hat. Wem das zu nass ist, trägt einfach einen gelben Schutzhelm, setzt sich eine Kapuze auf oder sucht sich von vornherein eine tropffreie Stollenzone aus.

„Ist heute jemand zum ersten Mal hier?" fragt der ältere Stollenführer. Ein paar vereinzelte Finger erheben sich, die meisten Besucher waren demnach schon mal hier, sie lassen ihre Finger nämlich unten und konzentrieren sich stattdessen lieber schon auf die Schieferwand.

Dann gibt der Stollenführer noch eine kurze Anweisung mit sauerländisch sprachgefärbter Aussprache: „Sie sitzen jetzt alle im Energiefeld drin. Lassen Sie ganz entspannt die Arme hängen. Das ganze machen wir jetzt 20 Minuten. Bitte jetzt nicht mehr sprechen bis die Zeit vorbei ist, woll."

Dann ist Ruhe, keiner sagt auch nur ein Wort, man hört das Ticken der Küchenuhr, das Plätschern der Quelle und das Wasserschaufeln der Stollenführer, die alle mitgebrachten Wasserflaschen und Kanister bis zum Rand mit Stollenwasser abfüllen. Das Gesicht dem Fels zugewandt und in sich hineinhorchend, genießen die Besucher andächtig, nachdenklich und erwartungsvoll die meditative Ruhe.

Kaum hat man auf seinem Stuhl Platz genommen und sich gerade an die Ruhe gewöhnt, bemerken einige Besucher ein Kribbeln in den Fingerkuppen. Einige fühlen sich durch die Vibration wie unter Strom gesetzt. Glaubt man den befragten Besuchern, so soll die Vibration an bestimmten Stellen des Stollens besonders intensiv zu spüren sein. Als wären die Strahlen noch besser aufzunehmen, drehen sie die Innenseiten ihrer Hände nach außen. Auch damit gibt sich zu erkennen, wer schon mal hier war. Demnach müssen es einige sein.

Es ist still geworden in Nordenau. Man beobachtet nicht mehr, die Blicke schweifen nicht mehr, jeder ist in seiner Welt versunken. Den Reißverschluss der Jacke zieht man etwas höher, es ist frisch geworden.

Man bewegt sich ja nicht, höchstens die Zehen in den Schuhen.

Nach 20 Minuten ist es mit der besinnlichen Ruhe vorbei. Die Küchenuhr meint, einen wieder in die Wirklichkeit rappeln zu müssen. Schade eigentlich, wird sich so mancher Besucher denken. Dass die Küchenuhr immer pünktlich rappelt, darauf kann man sich zuverlässig verlassen. Sie ist nämlich funkgesteuert und somit superpünktlich wie die deutsche Tagesschau.

Man ist zurück in der Zukunft, die Wirklichkeit hat einen wieder eingeholt. Der Stollenführer gibt noch gute Wünsche mit auf den Weg, und mit „vielleicht sehen wir uns ja bald wieder" verabschiedet er seine Gäste. Manch einen sieht er allerdings schneller wieder als er vermutlich ahnt, denn es soll Besucher geben, die kaum durch die Ausgangstür verschwunden sind, mit der nächsten Gruppe schon wieder im Stollen auftauchen.

Fast gleichzeitig stehen alle Besucher auf, jeder bringt seinen Stuhl an den Sammelplatz zurück und geht anschließend zum Tisch, um einen weißen Plastikbecher kaltes Quellwasser und seine mitgebrachten Wasserbehälter mit abgefülltem Stollenwasser abzuholen. Das Stollenwasser ist erfrischend und klarer als gewöhnliches Leitungswasser. Eigentlich schmeckt es nach gar nichts und doch irgendwie besonders. Einige Besucher holen sich schnell noch einen zweiten Becher und gehen in aller Ruhe zum Ausgang.

Die Grotte leert sich, mit seinem Wasserkanister folgt man den anderen Besuchern Richtung Ausgang. Draußen angekommen, blinzelt man etwas verlegen in die Sonne, das Auge gewöhnt sich schnell wieder ans Tageslicht.

Die ersten Besucher haben bereits auf der Bank neben dem Eingang oder an den Holztischen auf der Wiese Platz genommen, trinken genügsam aus den weißen Plastikbechern das Stollenwasser, genießen die himmlische Ruhe, lauschen dem Plätschern des Springbrunnens oder tauschen sich mit anderen Besuchern aus. Dabei gehen die Gespräche oft über reines Fachsimpeln hinaus, man trifft auf Gleichgesinnte, die in der Regel alle eine ähnliche Motivation haben, hier zu sein. Man ist nicht allein, auch das kann helfen, gesund zu werden.

Schnell stößt man auch auf Stammgäste, die zum wiederholten Male in Nordenau sind und geradezu auf die Wirksamkeit des Stollens schwören. Gespannt hören die Besucher zu, die heute zum ersten Mal hier sind und voller Erwartung die Wirkung des Stollenbesuchs an sich beobachten wollen.

Im Warteraum sieht man bereits die nächste Gruppe, die dem Einlass entgegenfiebert. Die schwere Eisentür öffnet sich, der Stollenführer nimmt die Eintrittskarten entgegen, die hoffnungsvollen Gäste folgen ihm voller Spannung. Alles beginnt nun von vorn, den ganzen Tag lang, von 8.00 Uhr bis 19.00 Uhr, montags bis sonntags, von

Januar bis Dezember. Das ganze Jahr lang, ohne Pause.

Immer wieder öffnet sich die Eisentür, immer wieder kehrt eine himmlische Ruhe in den Stollen ein, immer wieder trinken Besucher das Stollenwasser, und immer wieder schwebt sie mit, die Hoffnung, endlich wieder gesund zu werden, egal wie.

Der Besucher

Was tun, wenn alle ärztlichen Methoden versagen, jeder Arzt etwas anderes zu finden meint und selbst die Heilpraktiker mit ihrem Latein am Ende sind und schon die ganze Palette der Naturheilkunde erfolglos angewandt haben? Man ist verzweifelt, will sich nicht aufgeben, sucht nach jedem noch so kleinen Hoffnungsschimmer. Denn da muss doch noch eine Lösung sein, oder?

In ihrer Verzweiflung wenden sich Kranke nicht selten an Wunderheiler oder solche, die es gerne wären. Sie hoffen auf ein Wunder und greifen nach jedem Strohhalm, auch wenn er noch so geringe Aussichten verspricht. Andere fahren lieber gleich nach Nordenau, weil sie davon schon so viel Positives gehört haben. Wer auch nur die kleinsten Erfolge verzeichnen kann, kommt erfahrungsgemäß wieder. Wenn es sein muss, auch öfter. Dabei würde manch einer, der möglicherweise positive Erfahrungen gemacht hat, am liebsten seinen Wohnsitz ins Sauerland verlegen.

In den letzten 10 Jahren sind mittlerweile 1,5 Millionen Besucher in den Stollen gegangen in der Hoffnung auf Heilung von verschiedensten Krankheiten wie Neurodermitis, Arthrose, Migräne, Diabetes, Rheuma und immer wieder Krebs. Man hört von Heuschnupfen, der nach vielen wiederkehrenden

Attacken in der Versenkung verschwand, von Rollstuhlfahrern, die nach einem zweiwöchigen Aufenthalt das Hotel Tommes wieder zu Fuß begehen können.

Die Beschwerden, mit denen die Besucher anreisen, könnten unterschiedlicher nicht sein. Sehr häufig sind es krebskranke Personen, aber auch Menschen mit Bronchial- und Herz-Kreislaufbeschwerden, Hautkrankheiten und Magen- und Darmbeschwerden. Inwiefern der Stollen bei jedem Einzelnen das Wohlbefinden gefördert hat, ist sehr unterschiedlich. Genaueres hierzu wurde in der Studie „Nordenau-Phänomen" erforscht und dokumentiert. Nähere Einzelheiten sind in dem nachfolgenden Kapitel „Nordenau-Phänomen" und der veröffentlichten gleichnamigen Broschüre nachzulesen.

In Gesprächen mit Besuchern erkennt man schnell, dass einige nicht nur lange Leidenswege, sondern auch Anfahrtswege hinter sich haben: ob aus Buxtehude oder München, ob mit Bus oder Bahn oder gar mit dem Flugzeug aus Japan, Alaska, Kanada oder Neuseeland. Es ist nicht mehr zu übersehen: Nordenau ist international geworden.

Sitzt man in dem Warteraum des Schieferstollens und lässt seinen Blick in der wartenden Gruppe umherschweifen, hat man schnell den Eindruck, dass es sich hier um ganz „normale" Menschen handelt. Irgendwie beruhigt das.

Der Durchschnittsbesucher bleibt eine Woche in Nordenau und geht zweimal täglich in den Stollen. Das Durchschnittsalter erreicht locker die siebzig, die Durchschnittshaarfarbe ist seniorenblond, an den Füßen trägt man die Wörishofener.

Manche kommen bei ihrem Partner eingehakt durch die Eingangstür, andere halten sich an einer Gehilfe fest oder kommen im Rollstuhl. Es gibt aber auch eine große Anzahl Besucher, die anscheinend quietschfidel ohne ein ersichtliches Leiden, das Durchschnittsalter deutlich auf vierzig Jahre senkend und mit neugierigem Blick in der Wartehalle sitzen.

Dabei täuscht manches Mal der erste Anblick, auch die jüngeren Besucher sind meistens wegen irgendwelcher gesundheitlicher Beschwerden angereist. Krankheiten nehmen auf Alter keine Rücksicht, auch in Nordenau nicht. Auch junge Menschen haben ihre Gründe für Hoffnungen. Und je jünger die Besucher sind, desto auffälliger ist ihr Wille ausgeprägt, wieder gesund zu werden, auch wenn es noch so unkonventionelle Methoden sind, zu denen sie greifen.

Nicht selten ist Nordenau für die Besucher der letzte sichtbare Strohhalm. Dabei hört man auch von Menschen, für die selbst dieser Strohhalm nicht mehr greifbar wurde, und die ihre letzte Reise nicht mehr nach Nordenau geführt hat.

Erfahrungsberichte

„Ich hoffe, dass hier ein Wunder mit mir geschieht."

Was tun, wenn nichts mehr hilft? Die Verzweiflung der Stollenbesucher ist oft unermesslich, die Erfolge oft unerklärlich. Viele Besucher berichten von schier unglaublichen Erfahrungen. Letztendlich zählt: wer gesund wird, hat recht.

In diesem Kapitel sind Äußerungen von Stollenbesuchern dokumentiert, die auszugsweise abgedruckt werden. Auf die Frage: „Haben Sie Veränderungen Ihres Befindens nach dem Stollenbesuch festgestellt?" äußerten sich die Besucher erstaunlicherweise sehr auskunftsfreudig über ihre Krankheiten und Motive, den Stollen zu besuchen.

Bei diesen Erfahrungsberichten handelt es sich nicht um wissenschaftliche Forschungsergebnisse! Es zeigt lediglich auf, welche oftmals positiven Befindlichkeitsveränderungen die Besucher an sich selbst beobachtet haben.

„In Holland übernehmen die Krankenkassen keine Zuschüsse für Kuren oder einen Gesundheitsurlaub. Wenn ein Besuch hier im Stollen keine positiven Wirkungen für uns hätte, wäre es einfach reine Geldverschwendung, hierher zu kommen. Sie können davon ausgehen, dass wir unser Geld nicht verschwenden. Ein Aufenthalt in Nordenau ist für uns immer wie eine Energieaufladung."

M.T. und B.T. aus Venlo

„Die Wirkung auf meine Neurodermitis ist erstaunlich. Ich trinke jeden Tag 2 Liter Stollenwasser und reibe morgens und abends den ganzen Körper damit ein. Es ist unbeschreiblich, wie sich dadurch meine Lebensqualität verbessert hat."

A.S. aus Olpe

„Ich brauche kein Cortison mehr, meine Widerstandskraft ist größer geworden, ich bin wirklich begeistert."

P.S. aus Leichlingen

„Für mich war der Aufenthalt in Nordenau ein voller Erfolg. Die vielen Jahre voller Schmerzen in meinem rechten Bein kann ich zwar nicht vergessen, aber ich freue mich jeden Tag erneut, dass ich endlich wieder ohne Krücke laufen kann."

H.N. aus Frankfurt

„Seit Juli 2000 bin ich beschwerdefrei und brauche kein Cortison mehr. Die Anfälle haben nach 2 Wochen im Stollen schon fast ganz aufgehört. Mittlerweile kann ich ohne Atembeschwerden wieder Treppen steigen."

C.F. aus Köln

„Mein Sohn litt wahnsinnig unter seinen Hautekzemen. Nachts wurde er durch den Juckreiz immer sehr gequält, und morgens war er unausgeschlafen, wenn er zur Schule musste. Seitdem wir regelmäßig hierher kommen, schläft er die Nächte wieder durch und ist auch in der Schule wieder viel konzentrierter. Der Stollen hat unserer Familie ein unbeschwertes Leben zurückgegeben."

M.M. aus Hürth

„Ich war nur am Wochenende hier im Stollen. Kaum war ich drin, haben meine Finger wie verrückt gekribbelt, und etwas schwindelig war mir. Ich habe mich auf einen Stuhl gesetzt, dann ging alles ganz gut. Meine mitgebrachte Bronchitis ist nun verschwunden, zuhause wollte mein Hausarzt mit Antibiotika behandeln, doch das hatte ich dankend abgelehnt. Ich bin jeden Tag zweimal in den Stollen gegangen, und Sie sehen ja selbst, dass ich nicht mehr huste."

T.R. aus Hamburg

„Viele Jahre litt ich bei Pollenflug unter schwerem Heuschnupfen. Durch eine

Bekannte erfuhr ich von dem Stollen hier in Nordenau und muss sagen: sie hat nicht übertrieben. Seitdem ich regelmäßig in den Stollen gehe, machen mir die Pollen nichts mehr aus. Endlich kann ich mit meinen Kindern auch durch die Felder laufen, ohne selbst wie ein Kaninchen auszusehen."

M.M. aus Kaiserlautern

„Ich war gestern zum ersten Mal hier im Stollen. Im Stollen habe ich gar nichts gemerkt, auch als ich wieder draußen war, habe ich keine Veränderungen festgestellt. Bis ich gestern abend schlafen gehen wollte, da war ich völlig aufgedreht. Bis 3.00 Uhr heute morgen habe ich wachgelegen, gelesen und mich herumgewälzt. So etwas kenne ich gar nicht, irgendwas muss da doch dran sein an diesem Stollen."

Frau R. aus Neu-Isenburg

„Seit 10 Jahren litt ich unter starken Kopfschmerzen. Viele Ärzte und Heilpraktiker konnten mir nicht helfen, auch keine Schmerztherapie. Es war oft zum verzweifeln, es gab viele Tage, an denen ich nicht arbeiten konnte, mein Arbeitsplatz stand sehr auf der Kippe. Bis ich vom Stollen erfuhr. Ich war jetzt ungefähr 15 mal im

Stollen und kann es selbst oft gar nicht glauben: meine Kopfschmerzen sind weg!"

Herr S. aus Eisenach

„Von einer Patientin habe ich von dem Stollen in Nordenau gehört. Bei ihr ist ein Mamakarzinom deutlich zurückgegangen, seitdem sie regelmäßig in den Stollen geht. Ich bin einfach neugierig geworden und will mir selbst ein Bild von diesem Stollen machen. Das ist ein ganz spannendes Thema. Ich denke, dass da wirklich was dran ist an den Erdstrahlen und dem Stollenwasser."

H.R. aus Köln

„Seit 15 Jahren leide ich unter Rheuma und konnte oft nur mit Unterstützung von meinem Mann laufen. Treppen konnte ich selbst mit seiner Hilfe nicht mehr hoch gehen. Im Fernsehen sah ich zufällig einen Bericht über den Stollen und fuhr wenige Tage später nach Nordenau. Mittlerweile war ich über 30 mal im Stollen, brauche keine Medikamente mehr und kann endlich wieder ganz alleine laufen. Ich bin Herrn Tommes für seinen Stollen sehr, sehr dankbar. Und dem lieben Gott natürlich auch."

Frau D. aus Bochum

„Mein Mann hat gesagt, dass wir das mit dem Stollen auch noch versuchen sollen. Seit vielen Jahren wird meine Arthrose immer schlimmer, besonders in den Händen. Die Hausarbeit wurde damit immer schwerer, vieles konnte ich gar nicht mehr selbst machen. Wir fahren seit 3 Monaten fast jedes Wochenende zum Stollen und kann nun meine Finger wieder viel besser bewegen. Es ist unglaublich, aber außer den Stollenbesuchen habe ich nichts in meinem Leben verändert. Ich bin ganz optimistisch, dass sich der Rest auch noch bessern wird."

Frau G. aus Remscheid

Viele Dankesschreiben von Stollenbesuchern füllen mittlerweile zahlreiche Aktenordner im Hotel Tommes. Die vielen positiven Erfahrungen kann man nicht auf einen Zufall zurückführen, denn dafür sind es zu viele Fälle, bei denen bisher Verbesserungen des Wohlbefindens erzielt wurden.

Es ist nicht von der Hand zu weisen: der Stollen beeinflusst die Befindlichkeit der Besucher, wie auch immer. Wunder sind es jedenfalls auch nicht.

Das Nordenau-Phänomen

Das sogenannte „Nordenau-Phänomen" ist der Name einer langfristig angelegten Studie, mit der im Februar 1997 begonnen wurde. Bekannt ist das „Nordenau-Phänomen" jedoch schon seit Januar 1992.

Über ein spezifisches Daten-Erhebungsinventar begann man, die Signifikanz der Befindlichkeitsveränderungen der Teilnehmer zu dokumentieren. Dabei wurde ein Beschwerde-Fragebogen zugrundegelegt (Höck K. und Hess H., Berlin 1975), der entsprechend einem Fragekatalog des Nordenau-Phänomens modifiziert werden konnte und eine zehnstufige Bewertungsskala beinhaltet.

Die Studienteilnehmer hatten die Wahl zwischen 47 verschiedenen Angaben, den gegenwärtigen Zustand ihrer Symptome zu Beginn ihres Aufenthaltes zu beschreiben (Measure Print MP1), am Ende des Aufenthaltes (MP2) und nach 3 Monaten (MP3), jeweils eingeteilt in die Stufen der Intensität.

Das interdisziplinäre ärztlich/psychologische Team beobachtete für die Studie 515 Patienten, davon 318 Frauen und 197 Männer. Das Durchschnittsalter lag bei 66 Jahren, der jüngste Teilnehmer war 12, der älteste 97 Jahre alt. Die Aufenthaltsdauer betrug 6 Tage, jeder Patient ging zweimal täglich in den Stollen und trank zwei Liter Stollenwasser. Um auch die psychologische Befindlichkeit der Probanden zu überprüfen, wurde ein Diplom-Psychologe in die Studie eingebunden. Die Medikation des jeweiligen Hausarztes wurde unverändert beibehalten.

Die vorliegenden Krankheitsbilder waren sehr unterschiedlich, dennoch kam es bei fast allen Patienten zu positiven Veränderungen. Die Krankheiten reichten von Augenkrankheiten, Tinnitus, Erkrankungen des Verdauungsapparates, Wirbelsäulensyndromen, Gelenkbeschwerden, Erschöpfungszuständen, Schlafstörungen bis hin zu Hauterkrankungen und Herzbeschwerden.

Vor allem bei chronischen Schmerzzuständen, Durchblutungsstörungen, rheumatischen Erkrankungen und Hauterkrankungen konnten durch die Studie gesicherte Verbesserungen des gesundheitlichen Störungen festgestellt werden.

Ein weiterer Beitrag, um die Wirkmechanismen des „Nordenau-Phänomens" zu erforschen, ergab sich durch die Zusammenarbeit mit einer japanischen Forschungsgruppe unter der Leitung von Prof. Shirahata von der Kyushu-Universität in Fukuoka (Südjapan) - Labaratory of Cellular Regulation Technology und Graduate School of Genetic Ressources Technology.

Bei diesen Forschungen fand man heraus, dass es sich bei dem Stollenwasser um hochwertiges „reduziertes Wasser" (microwater) handelt und mit seiner antioxidativen Eigenschaft zur allgemeinen Entlastung der Körperzellen von Stoffwechselabfallprodukten beiträgt. Bei sogenannten „in-vitro-Experimenten" erfolgte diese Entlastung um 24 %. Mit diesen Untersuchungen konnten die Ergebnisse des „Nordenau-Phänomens" schließlich manifestiert werden.

Die Forschungen der japanischen Wissenschaftler wurden durch strenge naturwissenschaftliche Verfahren untermauert und mittlerweile mehrfach auf internationaler Ebene publiziert (u.a. 1999 in Lugano/Schweiz, im November 2000 in Fukuoka/Japan und im Juni 2001 in Tylösand/Schweden).

Zur Zeit wird noch erforscht, ob es sich bei dem „Nordenau-Phänomen" ausschließlich um einen antioxidativen Wirkmechanismus handelt oder noch zusätzlich eine bisher unbekannte Energieart vorliegt, auf die die positiven Einflüsse auf Körperzellen zurückzuführen sind.

Aufgrund der bislang vorliegenden Ergebnisse lässt sich sagen, dass in dem Stollen gewisse Gesetzmäßigkeiten zugrunde liegen, die kein Quatsch, aber auch kein Wunder sind. Da die Sensitivität bei jedem Menschen jedoch unterschiedlich ausgeprägt ist, reagiert jeder Organismus anders auf den Stollenbesuch, sodass das Ergebnis bei jedem Besucher anders ausfallen kann.

Empfehlenswert ist zur Vertiefung der Thematik „Nordenau-Phänomen" die Lektüre der gleichnamigen 39-seitigen Broschüre. Darin werden Fakten und Hypothesen, sowie die Ergebnisse der prospektiven Beobachtungsstudie der teilnehmenden 515 Patienten ausführlich dokumentiert. Zu erwerben ist die Broschüre, die mittlerweile auch auf Englisch vorliegt, über das Hotel Tommes.

Darüber hinaus findet jeden Montag um 15.30 Uhr im Hotel Tommes eine Informationsveranstaltung statt, in der das Ärzteteam des Zentrums für Ganzheitsmedizin und Naturheilverfahren das „Nordenau-Phänomen" vorstellt.

Jetzt ist Nordenau um die Ecke

Mitten in Nordenau

Hier ist die Kirche im Dorf

Nordenau ist „steinreich" – die Burg Nordenau

Wo bitte ist der Schieferstollen?

Hier geht`s rein

Mit dem Rücken an der Schieferwand

Warteraum der Hoffnung

An der „Wasserbar"

In aller Ruhe vor dem Stollen

Ort der Stille

Das Hotel Tommes

Wasser – H₂O

Wann auch immer wir Vermutungen anstellen, ob Leben auf einem anderen Planeten möglich ist, erforschen Wissenschaftler immer als erstes, ob dort Wasser ist oder nicht. Warum? Weil das Leben auf der Erde vollständig bis ins kleinste abhängig ist von Wasser. Ohne Wasser geht gar nichts.

Das erkannte seinerzeit auch schon der Wasserdoktor Sebastian Kneipp, der Wasser für medizinische Zwecke entdeckte und von dem folgende Worte stammen: „Wer immer die Wirkungen des Wassers versteht und in seiner mannigfaltigen Art anzuwenden weiß, der besitzt ein Heilmittel, welches von keinem anderen übertroffen werden kann!"

Die Geschichte des Wassers ist lang. Wissenschaftler gehen davon aus, dass bereits vor ungefähr 4,5 Milliarden Jahren das erste Wasser auf die Erde regnete, indem heiße Gase und Dämpfe aus dem Kosmos abkühlten und Wolken bildeten, aus denen das Wasser einfach herausfiel.

Beim Versickern in den Boden wird der Regen gefiltert und gereinigt und nimmt beim Durchfließen des Gesteins Mineralien auf, weil Wasser über eine optimale Lösungsfähigkeit verfügt. Jedes Mineralwasser besitzt einen eigenen individuellen Geschmack, was auf die regional sehr unterschiedliche Zusammensetzung der Gesteinsschichten zurückzuführen ist. Welches Wasser sich wie nennen darf, regelt dabei die gesetzliche Mineral- und Tafelwasserverordnung (MTV): Natürliches Mineralwasser, Heilwasser, Quellwasser, Tafelwasser oder Leitungswasser.

Das deutsche Leitungswasser gilt laut der unabhängigen Verbraucherzeitschrift „Stiftung Warentest" als eines der bestuntersuchtesten Lebensmittel der Welt. Auch die DGE (Deutsche Gesellschaft für Ernährung) weist darauf hin, dass kaum ein Lebensmittel so regelmäßig und häufig kontrolliert wird.

Wasser ist nicht nur eine chemische Substanz mit der Formel $H2O$, sondern es besitzt eine Energie- und Vitalkraft, die von der Natur gegeben ist und für die Erhaltung des Lebens noch elementarer ist als Nahrung. Während der Mensch mehrere Wochen ohne feste Nahrung überleben kann, ist es ohne Wasser lediglich bis maximal 7 Tagen möglich.

Wasser ist unser wichtigstes Lebensmittel, in unserem inneren Stoffwechselbetrieb läuft ohne Flüssigkeit nichts. So hat Wasser viele lebenswichtige Funktionen: es transportiert Spurenelemente und Mineralstoffe, fördert die Entschlackung, reguliert die Körpertemperatur und beseitigt die Abbauprodukte aus dem Stoffwechsel, hält den Kreislauf und die Verdauung in Schwung, reguliert den Blutdruck und kann vielen Krankheiten vorbeugen.

So hilft viel Wassertrinken, das Blut dünnflüssig zu halten und senkt somit das Risiko von Gerinnselbildung. Trinkt man ausreichend Wasser, erhöht sich niedriger Blutdruck und ein erhöhter kann sich senken. Das Risiko, an Blasenkrebs zu erkranken, verringert sich möglicherweise, und Blasenentzündungen heilen bekanntermaßen schneller bei einem ausreichenden Wasserkonsum.

In den USA spielt in der Alternativmedizin das Wasser mittlerweile sogar eine große Rolle; bei bestimmten Krankheitsbildern empfehlen die dort praktizierenden Ärzte eine reichliche Wasserzufuhr zum Beispiel bei Asthma, Bandscheibenproblemen, hohen Cholesterinwerten, Kopfschmerzen und Magenreizungen. Kalkhaltiges Wasser kann schließlich erfolgreich bei Osteoporose sein, weil der Organismus das Kalzium aus dem Wasser verwerten und somit die Knochen stabilisieren kann.

Der Wassergehalt unseres Blutes beträgt 92 Prozent, der des Gehirns bis zu 85 Prozent. Der Körper eines Erwachsenen besteht bis zu 75 Prozent aus Wasser, der eines Säuglings sogar bis zu 80 Prozent. Pro Kilogramm Körpergewicht brauchen die Zellen ca. 31 g Wasser, was 2,3 Liter Wasserbedarf pro Tag bedeutet. Durch das Gehirn fließen pro Tag 1.400 Liter Wasser, durch die Nieren 2.000 Liter, und 2,5 Liter werden täglich ausgeschieden. Dabei verliert der Körper nicht nur Flüssigkeit, sondern mit ihr auch Mineralstoffe und Spurenelemente, die man entsprechend wieder ersetzen muss. So ist es wichtig, dass die Flüssigkeitsabgabe und Flüssigkeitsaufnahme im Gleichgewicht zueinander stehen.

Durch unsere Blutgefäße fließen täglich 6.000 Liter Blut, zur Reinigung fließen davon 2.000 Liter durch die Nieren. Alleine diese Tatsache macht deutlich, dass das Wasser für grundlegende Bereiche des Entgiftungs- und Ausscheidungssystems entscheidend ist, und Wasser im gesamten Zellgeschehen eine ganz zentrale Rolle spielt.

Trinkwasser ist somit unser Hauptnahrungsmittel, und es ist eigentlich eine Binsenweisheit: viel trinken ist wichtig – zwei bis drei Liter täglich. Dennoch halten sich viele Menschen nicht daran und riskieren durch zu wenig trinken gesundheitliche Folgen. Wird weniger Wasser getrunken als der Körper es verlangt, können Mangelzustände auftreten, beziehungsweise stehen viele unserer heutigen Zivilisationskrankheiten unter dem Verdacht, durch zu wenig Flüssigkeitszufuhr mitverursacht zu werden.

Mittlerweile gehen einige Wissenschaftler sogar davon aus, dass auch chronische Schmerzen durch eine zu geringe Wasserzufuhr hervorgerufen werden können. Das wiederum würde bedeuten, dass einige Menschen im eigentlichen Sinne gar nicht krank wären, sondern Symptome lediglich aufgrund von Dehydrierung auftreten, ein Schmerz quasi als ein lokaler Durst zu verstehen wäre. Diese Sichtweise hat sich bislang jedoch noch nicht etabliert.

Mit zunehmendem Alter ist eine Dehydrierung wesentlich häufiger anzutreffen, weil das Trinken oft schlichtweg vergessen wird. Dabei dürfen gerade ältere Menschen nicht erst auf den Durst warten, sie müssen vielmehr regelmäßig über den ganzen Tag verteilt Flüssigkeit zu sich nehmen. Es ist daher anzuraten, trinken zur festen Gewohnheit werden zu lassen. Trinken bei jeder Gelegenheit – beim Zeitung lesen, bei der Hausarbeit, Fernsehen, Handarbeiten und zu jeder Mahlzeit.

Zu Beginn ist es sehr hilfreich, abends zusammenzuzählen, wie viel man über den ganzen Tag verteilt getrunken hat – ein Trinkplan macht dies auf einfache Weise sehr deutlich. Gerade in der Anfangsphase der Aufzeichnungen wird erfahrungsgemäß vielen Menschen erst bewusst, wie wenig sie bisweilen über den ganzen Tag gesehen getrunken haben.

Zu denken geben sollte eine sportwissenschaftliche Studie, nach der 95 % (!) der Schulkinder zu wenig trinken. Dabei wurde auch festgestellt, dass sie geistig und körperlich fitter sind, wenn sie mehr Wasser trinken. Eine Doppelblindstudie mit Sekretärinnen führte unlängst zu einer sehr ähnlichen Erkenntnis, dass eine ausreichende Wasserzufuhr die geistige Fitness steigert und darüber entscheidet, wie schnell wir denken und an was wir uns erinnern können.

So kommen einige Wissenschaftler zu der Schlussfolgerung, dass sogar Alzheimer möglicherweise aufgrund einer zu geringen Wasserzufuhr entstehen kann. Nimmt man nämlich jeden Tag nur ein paar Milliliter zuwenig Trinkwasser zu sich, summiert sich das zu einem beachtlichen Defizit, was wiederum gravierende Auswirkungen auf das Gehirn haben kann.

Während eine Dehydrierung unter Verdacht steht, Krankheiten zur Folge zu haben und die Austrocknung zum Verlust von wichtigen Körperfunktionen führen kann, ist es andererseits möglich, durch eine ausreichende Wasserversorgung das Auftreten vieler Krankheiten zu vermeiden. Bereits eine geringe Menge an zu wenig Flüssigkeit macht sich körperlich bemerkbar, was jedoch den meisten Menschen überhaupt nicht bewusst ist. Die körperliche Leistungsfähigkeit wird stark beeinträchtigt, man wird schneller müde und hat Konzentrationsprobleme, wenn der Körper zu wenig Flüssigkeit erhält.

Dabei kann man den Flüssigkeitshaushalt des Körpers ganz leicht anhand der Farbe und Menge des ausgeschiedenen Harns feststellen. Je dunkler und gelber der Urin ist, desto höher ist das Flüssigkeitsdefizit, was im Umkehrschluss bedeutet: je heller und umfangreicher die Urinmenge ist, desto ausreichender ist die Versorgung mit Flüssigkeit.

Irrtümlicherweise gehen viele Menschen allerdings davon aus, den täglichen Wasserbedarf in Form von Kaffee, Tee und Cola abdecken zu können. Diese Getränke jedoch können den Wasserhaushalt nicht ausgleichen, sondern erreichen genau das Gegenteil: sie entziehen dem Körper Wasser und tragen zudem noch zur Übersäuerung des Körpers bei. Je mehr Kaffee oder Bier getrunken wird, desto durstiger wird man schließlich, es sei denn, man konsumiert

gleichzeitig die gleiche Menge Wasser. In südeuropä-
ischen Ländern weiß man dies schon lange und
reicht dort zu einer Tasse Kaffee auch immer ein
Glas Wasser.

Das Stollenwasser

Spätestens, wenn man über die immense Wichtigkeit des Trinkwassers für den menschlichen Organismus im Kapitel „Wasser" gelesen hat, wird einem die Bedeutung von Trinkwasser bewusst und die damit einhergehende Bedeutung für Qualität und Schadstofffreiheit.

Das Stollenwasser ist frei von jeglichen belastenden Zusatzstoffen. Wasseranalysen des deutschen Fresenius-Labors und des Hygiene-Instituts des Ruhrgebietes in Gelsenkirchen haben sogar ergeben, dass das Wasser im Stollen Nordenau besonders rein und 8 % leichter als normales Wasser ist. Der Körper kann Wasser mit geringerem Molekulargewicht leichter aufnehmen als herkömmliches Wasser und führt letztendlich zu einem besseren Stoffwechsel, indem die Nährstoffe die Zellen schneller passieren können.

Darüber hinaus stellte man bei den Untersuchungen fest, dass das Stollenwasser mit einem pH-Wert zwischen 7,8 und 8,0 leicht alkalisch und somit weniger zellbelastend ist. Im übrigen entspricht es im üblichen mikrobiologischen und wasserchemischen Sinn den offiziell vorgegebenen Trinkwasserqualität-Anforderungen.

Durch das Hygiene-Institut Gelsenkirchen wird das Stollenwasser regelmäßigen Qualitätskontrollen unterzogen und gewährleistet dem Besucher, dass er stets hochwertiges Trinkwasser bekommt. Ein Hinweisschild im Warteraum macht allerdings darauf aufmerksam, dass die einschlägigen trinkwasserhygienischen Grundsätze beim Abfüllen des Stollenwassers praktisch nicht eingehalten werden können. Daher wird vorsorglich empfohlen, das Wasser bereits am Abfülltag zu trinken oder äußerlich zu verwenden.

Seit einigen Jahren wird die Wirkung des Stollenwassers in Japan unter der Leitung von Professor Shirahata von der Kyushu-Universität Fukuoka (Labor von der zellularen vorgeschriebenen Technologie) erforscht. Erste Ergebnisse können Sie im nachfolgenden Kapitel „Reduziertes Wasser" nachlesen.

Jeder Besucher des Stollens hat die Möglichkeit, das Quellwasser kostenlos mit nach hause zunehmen. Herr Tommes legt ganz ausdrücklich Wert darauf, an dem Wasser nicht verdienen zu wollen, sondern dieses kostbare Gut allen Menschen zugänglich zu machen. Von diesem Angebot wird rege Gebrauch gemacht, sodass mittlerweile die Mitnahme auf zwei Flaschen pro Besucher beschränkt wurde.

Besonders überzeugte Besucher lassen sich das Stollenwasser sogar nach hause schicken, um ihre möglicherweise bereits vor Ort festgestellten Erfolge zu hause fortsetzen zu können. Schon so mancher Kanister Stollenwasser hat die Reise nach Japan und Australien angetreten. Mittlerweile kam es schon zu zahlreichen positiven Befindlichkeitsveränderungen bei Menschen, die den Stollen nie betreten haben, indem sie nur das Stollenwasser getrunken haben, das Bekannte ihnen von ihren Besuchen mitgebracht haben.

Die Verwendung des Stollenwassers ist vielseitig. Die Basisanwendung ist das Trinken des Wassers, teilweise sogar bis zu 3 Liter pro Tag. Aber auch die äußere Anwendung für Körpereinreibungen und Wickeln wird häufig vorgenommen, besonders bei Hautleiden und Arthrosen.

Mittlerweile gibt es eine Pflegeproduktserie, die mit dem Stollenwasser angereichert wird und als stärkendes Elixier für die Bereiche Entspannung, Körperpflege und Gesundheit angewendet werden kann. Im Shop direkt am Stolleneingang ist die gesamte Produktpalette der Firma Bopa erhältlich, die von Gesichtscreme über Haarshampoo bis hin zu Body Lotion und Massage-Gel reicht. Auf Wunsch werden diese Produkte auch nach hause geschickt und können jederzeit auch von zuhause aus bestellt werden.

Doch nicht nur diese hochwertige Kosmetikserie nutzt die Qualität des Stollenwassers. Seit einiger Zeit gibt es in der Bäckerei Rötz das sogenannte Stollenbrot, das täglich frisch mit Stollenwasser gebacken wird. Dieses Mehrkornbrot ist sehr geschmacksintensiv und sättigt schnell. Die Bäckerei mit Cafe liegt direkt an der Hauptstraße auf der linken Seite, wenn man aus der Richtung Oberkirchen kommt. Man kann sie also gar nicht verfehlen.

Reduziertes Wasser

Auf internationaler Ebene wird reduziertes Wasser „electrolyzed water „ (ERW) oder auch „microwater" genannt. Ebenso ist der Begriff „miracle water" geläufig, weil reduziertes Wasser in der Lage ist, positive Befindlichkeitsveränderungen zu erreichen.

Nach bisheriger Erkenntnis kommt das reduzierte Wasser in der Natur weltweit nur an vier Stellen vor, eine davon ist Nordenau, weitere sind in Hita Tenryosui (Japan, 1997) das Grundwasser in Tracote (Mexido, 1986) und in Indien.

Es gab in den vergangenen Jahrzehnten immer wieder wissenschaftliche Auseinandersetzungen mit dem microwater, um den „Geheimnissen" des Wirkmechanismus von reduziertem Wasser auf die Spur zu kommen.

Vorreiter auf diesem Gebiet ist seit vielen Jahren Japan, wo bereits 1965 die medizinischen Wirkungen durch das Gesundheitsministerium bestätigt werden konnten. Vorausgegangen war hier eine Geräteentwicklung zur Wasser-Ionisation, mit deren Hilfe reduziertes Wasser künstlich hergestellt wurde. Dieses kam in den 50-er Jahren auf den japanischen Markt und wurde am 15. Januar 1966 durch das japanische Gesundheitsministerium als fortschrittliche medizinische Erfindung zugelassen.

Bereits seit 1985 wird in der japanischen Klinik „Kyowa Medical clinic" reduziertes Wasser in Therapien integriert. Über einen Zeitraum von 15 Jahren (1985 – 2000) wurden hier klinische Tests durchgeführt, bei denen die Forscher Munenori Kawamura und Hidemitsu Hayashi zu dem Ergebnis kamen, dass Verbesserungen bei sehr vielen Krankheiten erzielt werden konnten, unter anderem bei Diabetes mellitus, Leberfunktionsstörungen wie Hepatitis und Zirrhose, Asthma und Lebertumoren. Aufgrund dieser sagenhaften Erfolge kam man zu dem Fazit, in Japan die Einbeziehung von reduziertem Wasser als Basis in die medizinische Praxis zu empfehlen.

Die Forschungen zum microwater sind in Japan mittlerweile weiter fortgeschritten, die Ergebnisse sehr beeindruckend. Dass microwater in der Lage ist, überschüssige Säuren im Körper zu neutralisieren und sie acht mal schneller als jedes andere Wasser aus dem Körper entfernen kann, ist dabei nur eine von vielen Erkenntnissen. So belegten zwischenzeitlich japanische Doppelblindstudien, dass bei Krankheiten wie zum Beispiel chronischem Durchfall, Verdauungsstörungen und chronischer Verstopfung Erfolge erzielt werden konnten (Tashiro 1999).

Da tierische Zellen sehr empfindlich auf reduziertes Wasser reagieren, ging man schließlich auch zu Tierversuchen über, um dem Wirkmechanismus auf die Spur zu kommen. Anhand dieser Versuche konnte unter anderem belegt werden, dass Autosuggestion bei dem „Nordenau-Phänomen" keinen Einfluss hat, und es auch keinen Placeboeffekt gibt. Denn selbst bei Tieren konnten erstaunliche gesundheitliche Verbesserungen beobachtet werden, insbesondere bei Diabetes.

Dabei stellte man bei Versuchen mit Mäusen fest, dass das reduzierte Wasser die Sekretion von Insulin in der Bauchspeicheldrüse stimuliert und den Zuckertoleranzschaden beim Diabetes Typ 2 verbessert.

Diese Ergebnisse konnten schließlich untermauert werden durch japanische Untersuchungen, bei denen Patienten das Nordenauwasser tranken und Symptomverbesserungen bei Diabetes mellitus erzielten.

Auch der Antikrebs-Effekt durch reduziertes Wasser wurde in Japan bei Laborversuchen erforscht. Die Ergebnisse sind vielversprechend, weil eine Verminderung des Wachstums der Krebszellen erreicht und die Fähigkeit der Koloniebildung reduziert werden konnte (Shirahata 1998).

Dass es sich beim Nordenauwasser um sogenanntes reduziertes Wasser handelt, das mit seiner antioxidativen Eigenschaft die Möglichkeit besitzt, freie Radikale zu binden, ist mittlerweile erforscht. Es wird jedoch darüber hinaus vermutet, dass das Stollenwasser noch über eine zusätzliche, bisher noch unbekannte Energieart verfügt, die es noch zu erforschen gilt.

Publikationen zum Thema microwater von Prof. S. Shirahata, in denen die wissenschaftlichen Forschungsergebnisse ausführlich dokumentiert sind, wurden in den Niederlanden bei Kluwer, Academic Publisher veröffentlicht. Bisher sind diese allerdings nur auf Englisch erhältlich.

Was sind freie Radikale?

Freie Radikale sind hochgradig instabile und extrem reaktionsfreudige, aggressive Moleküle, die jederzeit bereit sind, mit allem zu reagieren (Oxidation). Zellen bilden beim Verstoffwechseln, bedingt durch zu geringe Sauerstoffzufuhr, erhöhte Mengen freier Radikale.

Außer bei normalen Stoffwechselvorgängen entstehen freie Radikale auch durch äußere Faktoren wie Zigarettenrauch, Umweltgifte (Herbizide, Pestizide, Insektizide, Schwermetalle wie Amalgam und Palladium, Autoabgase), Arzneimittel, Alkohol, Zucker, Entzündungen, Fäulnisstoffe oder Strahlungen (Sonne und Radioaktivität). Sie sind in der Lage, körpereigene Stoffe zu beeinflussen und können Zellen in ihrer Struktur verändern. Letztendlich können die freien Radikale die Energieausbeute der Zellen mindern und somit den gesamten Energiehaushalt des Körpers schwächen.

In einem geringen Umfang sind freie Radikale durch Sauerstoffreaktionen ständig im Organismus anwesend, weil sie bei der Energiegewinnung im Stoffwechsel immer als Nebenprodukt entstehen. Dabei sind nicht alle freien Radikale grundsätzlich als schädlich einzustufen. So produzieren die weißen Blutkörperchen gezielt freie Radikale, um damit unerwünschte Eindringlinge wie Bakterien, Pilze und Viren zu bekämpfen.

Was vielfach unterschätzt wird, ist der permanente Alltagsstress, der sich ebenfalls auf die Bildung freier Radikale auswirken kann. Dabei können wichtige körpereigene Stoffe beeinflusst werden, was zur Zerstörung der Zellmembranen und Erbsubstanzen führen kann. Als Folge dieser Oxidationsketten werden die Zellwände und der Zellkern angegriffen, was zwangsläufig eine Schädigung des genetischen Codes (DNA) und Einschränkung der Funktionsfähigkeit der gesamten Zelle bedeutet.

Alle Zellschädigungen im Organismus werden schließlich primär von Radikalen ausgelöst. Äußerlich zeigt sich dieses durch trockene Haut, Falten und Runzeln sowie einem Verlust der Muskelspannkraft, bei Krankheiten kann diese Entartung bis zu Tumorbildungen führen.

Viele Wissenschaftler vermuten, dass diverse organische Krankheiten und der Alterungsprozess auf den Einfluss der freien Radikalen zurückzuführen sind, weil die Schädigung der Zellstruktur als Grundlage für die Entstehung dieser Krankheiten gesehen wird. So geht man davon aus, dass die Entstehung und Weiterentwicklung von Krankheiten wie Diabetes mellitus, Krebs, Alzheimer, Arthritis und Herz- und Kreislauferkrankungen durch freie Radikale ausgelöst werden können. Problematisch wird es besonders, wenn im Organismus ein Ungleichgewicht zwischen diesen beiden Gruppen besteht, wenn also mehr freie

Radikale gebildet werden als durch Antioxidantien unschädlich gemacht werden. Dieser Zustand wird als oxidativer Stress bezeichnet.

Jede Körperzelle wird rund 10.000 mal pro Tag von freien Radikalen attackiert. Mit dieser Menge kommen die Zellreparaturmechanismen in aller Regel gut zurecht, aber bei einer täglichen Attacke von bis zu 80.000, wie es durch die zahlreichen äußeren Faktoren auftreten kann, werden die Zellen in ihrer Funktion stark beeinträchtigt. Es kommt dann zwangsläufig zur Schädigung der Zelle, was eine Erkrankung der betreffenden Organe zur Folge hat, wenn nicht genügend Schutzstoffe vorhanden sind.

Die Organismen aller atmenden Lebewesen verfügen über Entgiftungsenzyme zur Inaktivierung von Radikalen, sogenannte „Radikalenfänger". Genetisch ist allerdings jeder Mensch unterschiedlich ausgestattet und verfügt über ein individuelles Spektrum an Entgiftungsenzymen. Dies erklärt auch, warum jeder Mensch anders auf bestimmte Schadstoffe reagiert. So passiert es, dass der eine mit Umweltbelastungen besser zurechtkommt als ein anderer Mensch, und den einen krank macht, was der andere Körper problemlos vertragen kann. Je besser also die individuelle Ausstattung mit freien Radikalen ist, desto länger ist in der Regel die gesunde Lebensspanne.

Aber es gibt auch andere Möglichkeiten, das körpereigene Abwehrsystem gegen den oxidativen Zellstreß zu unterstützen: eine gesunde Lebensweise und Ernährung, die Antioxidantien enthält.

Was sind Antioxidantien?

Wie in den vorangehenden Kapiteln „Das Stollenwasser" und „Reduziertes Wasser" ausführlich dargestellt, verfügt das Stollenwasser über antioxidative Eigenschaften. Was aber genau versteht man unter Antioxidantien?

Antioxidantien sind Nährstoffe (meistens als Vitamine), die freie Radikale abfangen, indem sie aggressive Sauerstoffmoleküle daran hindern, schädliche Oxidationsprozesse in Gang zu setzen. Der Organismus wird auf diese Weise gegen die freien Radikale verteidigt, was den Antioxidantien auch den Beinamen „Polizisten des Körpers" gegeben hat. Sie können mit den freien Radikalen eine Verbindung eingehen, diese neutralisieren und damit weitgehend unschädlich machen. Das Vorhandensein von Antioxidantien ermöglicht somit der Zelle, ungeschädigt weiterzuarbeiten.

Alle Antioxidantien besitzen einen sogenannten „Anti-Alterungseffekt" und können damit degenerative Erkrankungen einschränken und den Alterungsprozess in seinem Verlauf verlangsamen. Ein maximaler Schutz mit antioxidativen Substanzen kann das Leben in Gesundheit also verlängern.

Der Organismus bildet eine gewisse Anzahl von Antioxidantien selbst, aber in der heutigen Zeit reicht diese Menge erfahrungsgemäß nicht mehr aus.

Damit der Mensch gesund bleibt beziehungsweise wird, muss der Bedarf an lebenswichtigen Mineralien, Vitaminen und Aminosäuren, die antioxidative Eigenschaften besitzen, gedeckt werden.

Dabei ist zu berücksichtigen, dass der Bedarf sehr individuell ist, und dass unsere tägliche Nahrung, auch wenn sie noch so ausgewogen scheint, den Nährstoffbedarf heutzutage in aller Regel nicht mehr deckt. Eine entsprechende Zufuhr von außen ist daher zu empfehlen, und mit zunehmendem Alter sollte die Zufuhr an diesen Schutzstoffen entsprechend gesteigert werden.

Wer eine aktive Gesundheitsvorsorge betreiben möchte, kann sich die Quellen der meisten Antioxidantien zunutze machen, indem er bestimmte Nahrungsmittel und Kräuter in seinen Speiseplan aufnimmt. Eine ausreichende Versorgung mit Gemüse, Obst und Nahrungsergänzungsmitteln ist somit der beste Schutz vor den Gefahren der freien Radikale. Wer zum Beispiel viel grünen Tee trinkt, versorgt sich durch die enthaltenen Catechine mit Antioxidantien. Ähnliche Wirkungen werden Tomaten nachgesagt, die Lycopin enthalten und wie die Catechine zu den sogenannten sekundären Pflanzenstoffen gehören.

Man unterscheidet bei den Antioxidantien wasser- und fettlösliche Substanzen. Während die wasserlöslichen Vitamine im wässrigen Milieu der Zellen aktiv werden, sind die fettlöslichen Vitamine im Bereich der fettreichen Zellmembranen wirksam. Nur die

Alpha-Liponsäure ist gleichzeitig wasser- und fettlöslich, sodass sie in fast allen Bereichen im Körper ihre Wirkung entfalten kann.

Die wichtigsten wasserlöslichen Antioxidantien sind Vitamin C und Glutathion, zu den fettlöslichen gehören Vitamin E und verschiedene Carotinoide. Darüber hinaus sind das Coenzym Q 10, Folsäure, Selen, Flavonoide und die Vitamine B2 und B3 wichtige Antioxidantien. Weitere Substanzen mit antioxidativen Eigenschaften sind die Aminosäuren Cystein, Methionin und Linolsäure. Darüber hinaus wirken Kupfer, Mangan, Selen und Zink als antioxidativ wirksame Enzyme und verfügen somit über indirekt antioxidative Eigenschaften.

Ein weiteres wichtiges Antioxidant ist schließlich N-Acetylcytein (NAC), das hauptsächlich als Substanz in schleimlösenden Hustenmitteln bekannt ist. Eine eigenständige langfristige Einnahme ist jedoch nicht empfehlenswert, weil eine zu hohe Dosierung genau zum Gegenteil, nämlich einer pro-oxidativen Wirkung, führen kann.

Alle Antioxidantien ergänzen sich gegenseitig, und die Wirksamkeit in ihrer Gemeinsamkeit ist größer als die Summe der einzelnen Aktivitäten. Es gibt bisher noch kein Präparat auf dem Markt, dass alle Substanzen in einer Kapsel vereinigt. Lediglich Beta-Carotin, Selen und die Vitamine C und E sind bislang als Kombinationspräparate in Drogerien und Reformhäusern erhältlich.

Erdstahlen

Was sind denn Erdstrahlen?

Was sich ganz eindeutig sagen lässt: die Meinungen zu Erdstrahlen gehen weit auseinander. Der Rest ist einigermaßen schwer fassbar, geschweige denn messbar und für viele nicht nachvollziehbar. Dabei ist es insbesondere die offizielle Wissenschaft, die das Vorhandensein von Erdstrahlen ignoriert und sogar bestreitet.

Wenn man von Erdstrahlen etwas hört, so bezieht sich das meistens auf die negativen Auswirkungen, die Strahlen auf den Mensch haben können. Dabei ist es durchaus denkbar, dass Erdstrahlen auch sehr positive Einflüsse und somit aufbauende Wirkungen auf den menschlichen Organismus haben können. Das ist geradezu typisch für die Natur, weil sie mit allem, was sie zu bieten hat, positive als auch negative Wirkungen erzielen kann.

Schon vor Jahrtausenden machten sich verschiedenste Kulturen positive Erdstrahlen zunutze und errichteten ihre Kultstätten, Dörfer, Versammlungsplätze, Pyramiden und sakralen Plätze an sogenannten „Orten der Kraft". Eine der bekanntesten und ältesten Kulturen war die der Kelten, die Mitglieder ihrer Gemeinschaft auserkoren, die sich ausschließlich mit dem Auffinden von „Orten der Kraft" beschäftigten. So ist Stonehenge in Südengland eine der ältesten Kultstätten, der diese Faszination als sogenannter „Kraftort" nachgesagt wird.

Das Gespür für Plätze mit positiver Energie ging allerdings im vergangenen Jahrhundert spürbar verloren. Als Folge davon gehen die Meinungen über Erdstrahlen in der heutigen Zeit oftmals auseinander. Nicht selten sind Äußerungen zu hören, dass Erdstrahlen lediglich eine Sache des Glaubens seien.

Mit dem Fortschreiten der Industrialisierung verlor dieses Jahrtausende alte Wissen stetig an Bedeutung und wurde verdrängt durch die heutige Wissenschaft und Technik, die sich hauptsächlich an sichtbaren, messbaren und wirtschaftlichen Maßstäben orientiert. In kollektivem Bewusstsein hat sich ein Weltbild entwickelt, das nur noch das als Realität akzeptiert, was der Verstand rationell erklären kann.

Inwieweit Erdstrahlen beim Stollen in Nordenau eine Rolle spielen, ist lässt sich bisweilen noch nicht eindeutig sagen. Die Kräfte des positiven Energiefeldes im Stollen Nordenau werden von dem japanischen Forschungsteam um Prof. Shirahata intensiv untersucht, um die Wirkmechanismen des Nordenau-Phänomens weiter zu ergründen.

Naturheilkunde

So positiv die industrielle Entwicklung in den letzten zwei Jahrhunderten in vielerlei Hinsicht auch war, so negativ sind jedoch andererseits die Schäden der Umwelt und Einflüsse auf den menschlichen Organismus, die die Industrialisierung mit sich gebracht hat. Erschreckend und nicht mehr zu übersehen ist nämlich die dramatische Zunahme der Zivilisationskrankheiten in der heutigen Zeit, die durch Umweltverschmutzungen, Auto- und Industrieabgase, ausgelaugte Böden, denaturierte Nahrungsmittel, Insektizide, Pestizide und giftige Zahnmetalle mitverursacht oder gar ausgelöst werden.

Auf der Suche nach Möglichkeiten, diesem Teufelskreis zu entgehen, wählen immer mehr Betroffene alternative Wege. Es ist nicht mehr zu übersehen, die Naturheilkunde hat einen Zulauf wie nie zuvor, und das Verständnis für naturheilkundliche Methoden nimmt seit einigen Jahren stetig zu. Immer mehr Menschen suchen aus unterschiedlichster Motivation heraus Alternativmediziner auf, weil sie zum Beispiel Kosten sparen möchten, grundsätzlich natürliche Heilmittel bevorzugen, von der Schulmedizin enttäuscht wurden oder durch Zufall auf Naturheilmittel stoßen.

Hinzu kommt, dass die Menschen einen immer größeren Wunsch entwickeln, ihre Gesundheit selbst in die Hand zu nehmen. Denn insbesondere bei der Naturheilkunde sind sehr gute Möglichkeiten gegeben, ein „mündiger Patient" zu werden. Wenn man berücksichtigt, dass die Naturheilkunde **bei fachgerechter Anwendung** durch milde Wirksamkeit und fehlende Nebenwirkungen gekennzeichnet ist, lässt sich dieser Trend sehr gut nachvollziehen.

Unbedarfte Laien stehen allerdings schnell vor der Problematik, zwischen sinnvollen und unseriösen Methoden zu unterscheiden. Diese Differenzierung wird zudem nicht gerade einfacher, weil manche Therapieerfolge selbst aus dem Blickwinkel der Naturheilkunde heraus nicht immer erklärbar sind. Dabei werden dann Dinge, die im ersten Moment unerklärbar scheinen, in den Augen der Moderne als unhaltbar in die Ecke des Aberglaubens eingeordnet.

Ohne Erkenntnisse darüber, wie bestimmte Wirkmechanismen funktionieren, erscheinen manche Ergebnisse mitunter nebulös und mysteriös und haben gar einen Hauch von Zauberei inne. Durch die Erarbeitung von Theorien und beweisenden Fakten haben diese Dinge jedoch die Möglichkeit, den Weg aus dieser Ecke herauszufinden. Dementsprechend gehören viele der Methoden der alternativen Medizin nicht in die Schmuddelecke. Die Naturheilkunde basiert im übrigen in aller Regel auf naturphilosophischen Grundsätzen, indem sie sich aus der Erfahrung und Beobachtung der Natur entwickelt hat.

Oft sind es hierbei Anwendungen, die auf eine Jahrhunderte oder sogar Jahrtausende alte Erfahrungsmedizin zurückgehen wie z.B. Akupunktur, TCM (Traditionelle Chinesische Medizin) und Ayurveda, die nicht selten sehr erfolgreich eingesetzt werden, wenn die Schulmedizin mit ihrem Latein am Ende ist. Besondere Erfolge der Naturheilkunde sind bei chronischen Erkrankungen zu beobachten, wenngleich auch in der Akutmedizin bewährte Anwendungsfelder für natürliche Heilmittel existieren. Im übrigen gibt es die klassische Schulmedizin erst seit 100 Jahren.

Die Mittel der Naturheilkunde stammen aus unserer natürlichen Umwelt, die Pflanzen, Heilquellen, Schwefel, Moor und Sole zu bieten hat. Alles sind natürliche Ressourcen, die einen wertvollen Schatz für die Gesundheit bedeuten.

Auch das „Nordenau-Phänomen" basiert mit seinem positiven Energiefeld und dem Stollenwasser ausschließlich auf natürlichen Ressourcen. Aufgrund des antioxidativen Wirkmechanismus des Stollenwasser wird die Thematik dem Bereich der Molekularbiologie zugeordnet.

Zentrum für Ganzheitsmedizin und Naturheilverfahren

Das Zentrum für Ganzheitsmedizin und Naturheilverfahren links neben dem Stolleneingang ist eine Privatpraxis unter medizinischer Leitung. Sie wurde vor einigen Jahren mit der Absicht gegründet, das sogenannte „Nordenau-Phänomen" wissenschaftlich zu begleiten.

Mittlerweile wird die Praxis von den Besuchern gerne in Anspruch genommen, um sich neben den Stollenbesuchen ergänzend medizinisch behandeln zu lassen. Anhand eines ganzheitlichen therapeutischen Konzeptes, bei der die körperliche und psychische Ebene berücksichtigt wird, begleiten die Mediziner auf der Basis der Methoden der Naturheilverfahren die gesundheitlichen Veränderungen bei den Stollenbesuchern.

Je nach Beschwerdebild reichen die Möglichkeiten von Akupunktur über Ozon-Eigenblutbehandlung, Colon-Hydrotherapie, Sauerstoff-Mehrschritt-Therapie, Neuraltherapie, Fußreflexzonen-Massage bis hin zur Umstellungstherapie bei Allergien. Die schulmedizinischen Methoden werden bei den Therapien jedoch nie außer acht gelassen. Schulmedizin und Naturheilkunde sind hier quasi partnerschaftlich miteinander vereint.

Ein Therapieschwerpunkt, der sich seit der Gründung der Praxis stetig weiterentwickelt hat, ist die Behandlung von Senioren. Mittlerweile verfügt das Zentrum für Ganzheitsmedizin und Naturheilverfahren über einen enormen Erfahrungsschatz im Bereich der Seniorenerkrankungen.

Jeden Montag findet im Restaurant des Hotels Tommes eine Informationsveranstaltung statt. Dabei steht der leitende Arzt des Zentrums für Ganzheitsmedizin und Naturheilverfahren den interessierten Gästen Rede und Antwort und informiert in einem Vortrag über das „Nordenau-Phänomen".

Das Hotel Tommes

Das Hotel Tommes ist ein sauerländisches Traditionshotel, im vergangenen Jahrhundert von der Familie Tommes gegründet und seit vielen Jahren in ihrem Besitz. Im Laufe der Jahre wurden die Kapazitäten ständig erweitert und die Zimmer regelmäßig modernisiert. Erst in diesem Winter wurde eine komplette Etage renoviert, um den sich verändernden Ansprüchen der Gäste gerecht zu werden. Aus dem ursprünglich klassischen Landhotel ist im Laufe der letzten 10 Jahre eine Ruhe-Oase mit einer ganz besonderen Atmosphäre geworden.

Man wohnt hier mitten in der Natur. Alles herum ist grün und hügelig, neben dem Hotel fließt ein frischer Bach entlang, der direkt aus den unverdorbenen Bergen herunterplätschert. Setzt man sich draußen auf die Holzbank neben dem Springbrunnen, kann man eine himmlische Ruhe genießen. Ab und zu läuft ein Stollenbesucher vorbei, man grüßt freundlich und schaut wieder dem Cocker-Spaniel hinterher, der gerade im Hoteleingang verschwindet. Wer schon an der Rezeption war, hat das Schild an der Eingangstür gelesen und weiß, dass man auch dem Haushund seine Ruhe gönnen soll, streicheln nicht erwünscht. Stammgäste wissen das sowieso schon.

Sehr viele Stammgäste kommen bereits seit vielen Jahren immer wieder hierher, um aufzutanken. Das führt nicht selten dazu, dass Buchungen oft sehr langfristig getätigt werden. Nicht selten reservieren die Gäste bei ihrer Abreise bereits den nächsten Aufenthalt, auch bereits ein Jahr im voraus.

Zahlreiche therapeutische Leistungen des Zentrums für Ganzheitsmedizin und Naturheilverfahren sind zu bestimmten Zeiten für die Gäste des Hotels Tommes bereits im Zimmerpreis enthalten. Darüber hinaus wird an bestimmten Terminen für einige andere therapeutischen Maßnahmen ein Preisnachlass gewährt. Der Stolleneintritt ist für Hausgäste kostenlos.

Herr Tommes ist täglich im Hotel anzutreffen, meistens sitzt er direkt neben der Rezeption und ist so für seine Gäste immer erreichbar. Er legt viel Wert auf den persönlichen Kontakt zu seinen Gästen und hört immer wieder geduldig zu, wenn diese über ihre Erfolge durch die Stollenbesuche berichten. Und er freut sich mit ihnen, wenn sie im Rollstuhl anreisen und nach einigen Tagen Aufenthalt den Frühstücksraum zu Fuß betreten können.

Seinen Prinzipien bleibt er stets treu: Theo Tommes ist kein Abzockertyp. Vielmehr sieht er sich als Verwalter dieses seltenen Guts und empfindet es als seine Verpflichtung, die positiven Wirkungen des Stollens jedermann zukommen zu lassen. Eine großangelegte Vermarktung des Wasser kommt für ihn nicht in Frage, zahlreiche lukrative Angebote hat er bisher immer wieder dankend abgelehnt.

Herr Tommes: „Was die Natur gegeben hat, darf der Mensch nicht schnöde verhökern. Diesen Stollen hat mir der liebe Gott geschenkt."

Schlusswort

Millionen Menschen sind in Deutschland chronisch erkrankt, angefangen bei Herz- und Kreislauferkrankungen, Rheuma bis hin zu Allergien und Krebs. Fast ausnahmslos haben die Betroffenen einen gemeinsamen Wunsch: sie wollen gesund werden.

Dabei ist es nicht nur dieser Wunsch, den sie alle teilen, vielmehr gleichen sich auch ihre Leidenswege in oft verblüffender Weise: irgendwann nehmen sie ihr Schicksal selbst in die Hand, haben das Vertrauen in die klassische Schulmedizin womöglich verloren und suchen voller Hoffnung nach Alternativen. Nicht selten haben Schwerkranke in der Naturheilkunde ihre lebensrettende Perspektive und damit zurück zur Gesundheit und inneren Mitte gefunden.

Die Schulmediziner stehen dann in aller Regel vor einem Rätsel, sind mit ihren Untersuchungsmethoden womöglich nicht in der Lage, diese gesundheitlichen Veränderungen zu messen und dementsprechend nachzuvollziehen, geschweige denn zu erklären. Es fällt ihnen dann schwer, die Gesundung als Realität zu akzeptieren, weil es ihr Verstand rationell nicht nachvollziehen kann. Aber ist es in solchen Momenten nicht einfach das Ergebnis, das zählt?

Lieber Leser, wer geheilt wird, hat Recht!

Das ist das Fazit, das ich Ihnen aus eigener langjähriger Erfahrung mit auf den Weg geben möchte. Vertrauen Sie Ihrer inneren Stimme, die Ihnen sagt, was für Sie richtig ist und wie Sie wieder gesund werden. Verlassen Sie sich dabei nicht auf andere, sondern nehmen Sie Ihre Gesundheit selbst in die Hand. Vergessen Sie aber trotz allem nie eine begleitende medizinische Betreuung durch einen Arzt oder Heilpraktiker, dem Sie vertrauen.

Ob auf Ihrem Weg der Stollen in Nordenau eine wichtige Station werden kann, finden Sie am besten selbst heraus. Ich wünsche es Ihnen jedenfalls.

Ihre Sigi Nesterenko

Schenke Deinem Körper neue Energie

Dein Körper ist das einzige,

was Du garantiert Dein Leben lang behalten wirst.

Er ist die Basis Deiner irdischen Existenz.

Schenke Deinem Körper neue Kraft und Energie;

das wird Dein Leben bereichern,

denn dadurch vervollkommnest Du Dich

in allen Fähigkeiten,

die Dein Leben als Mensch ausmachen.

Wenn es Dir an Vitalität mangelt, ist alles andere unwichtig.

Doch solange Du gesund bist,

stehen Dir alle Möglichkeiten offen!

Dan Millman

Adressen und Anschriften

Land- und Kurhotel Tommes

Talweg 14
57392 Schmallenberg – Nordenau

Tel. 02975-9622-0
Fax 02975-9622-165

e-mail: HotelTommes@t-online.de
www.stollen-nordenau.de

**Zentrum für Ganzheitsmedizin und
Naturheilverfahren GmbH**

Talweg 14
57392 Schmallenberg – Nordenau

Tel. 02975-9622190
Fax 02975-9622200

General-Vertrieb

Bopa, Körperpflege
Talweg 14

57392 Schmallenberg - Nordenau
Pflegeprodukte angereichert mit Nordenauer
Stollenwasser

Verkehrsverein Nordenau e.V.

Sonnenpfad – im Haus des Gastes
57392 Schmallenberg – Nordenau

Tel. 02975-380
Fax 02975-427

e-mail: nordenau@t-online.de
www.nordenau.de

Öffnungszeiten:

Mo, Di, Do, Fr, Sa 10:00 bis 12.00 Uhr, freitags
zusätzlich von 14.00 bis 16.00 Uhr

Verkehrsverein Bad Fredeburg e.V.

Am Kurhaus 4
57392 Schmallenberg – Bad Fredeburg

Tel. 02974-7037
Fax 02794-5119

e-mail: kurverwaltung@t-online.de
www.bad-fredeburg.de
Öffnungszeiten:

Mo – Fr   9.00 Uhr – 12.00 Uhr und 14.30 Uhr –
17.00 Uhr
Sa 9.00 Uhr – 12.00 Uhr

Gästeinformation Schmallenberg

Kur- und Freizeit GmbH
Poststr. 7
57392 Schmallenberg

Tel. 0297-97400
Fax 02972-974026

www.schmallenberger-sauerland.de
Öffnungszeiten:

Mo – Fr 9.00 Uhr – 17.00 Uhr Sa 9.00 – 13.00 Uhr

Literaturempfehlungen

Batmanghelidj, Farin
Wasser, die gesunde Lösung, Ein Umlernbuch
VAK Verlag GmbH

Carper, Jean
Nahrung ist die beste Medizin
Sensationelle Erkenntnisse über die Heilstoffe in
unseren Lebensmitteln
Econ Verlag

Dethlefsen, Thorwald
Schicksal als Chance
Goldmann 1979

Ehrhardt, Heidrun
Schulmedizinisch aufgegeben! Was nun?
Sensei Verlag

Gadek Dr. med. Z., Dipl.-Psych. D.J. Seifert (1998)
Nordenau-Phänomen, Fakten und Hypothesen

Hendel Dr. med. Barbara, Ferreira, Peter
Wasser & Salz, Urquell des Lebens
Über die heilenden Kräfte der Naturina-Verlag

Shirahata Prof., S.
Antioxidative water improves diabetes
Kluwer Academic Publishers, Niederlande

Weitere Publikationen von Prof. S. Shirahata über Microwater sind erschienen bei Kluwer Academic Publisher, Niederlande.

Bäderkur plus Stollenstrahlen

Einen viertägigen Gesundheitsaufenthalt kombiniert mit täglichen Besuchen im nahegelegenen Schieferstollen Nordenau können Sie in Bad Fredeburg, dem einzigen Sauerländer Kneipp-Heilbad, verbringen. Der Stollen ist heute weit über die Grenzen des Sauerlandes hinaus für Gesundheit und Wohlbefinden bekannt und wird von Tausenden Kranken aufgesucht, die dort Linderung ihrer Erkrankungen und Beschwerden erwarten.

Zur Wahl stehen neben einer Bäderkur verschiedene Wellnessangebote wie Beauty-, Massage-, Thalasso-, Venen-, Entspannungs-, sowie Entschlackungs- und Entgiftungs-Fit. Alle Angebote können individuell zum Basispaket hinzugebucht werden.

Sie haben die Auswahl zwischen ausgesuchten Hotels, Pensionen und Ferienwohnungen.

Basispaket bereits ab 89,- € DZ/ÜF in einer Pension

Leistungen:
• 4 Übernachtungen mit Frühstück
• 4 x Eintritt in den Schieferstollen Nordenau
• 1 Vital-Begrüßungsdrink
• 1 SauerlandCard zum kostenlosen Busfahren
im Sauerland

Kurverwaltung * Am Kurhaus 4 *
57392 Schmallenberg-Bad Fredeburg
Tel. 02974-7037 * Fax 02974-5119
www.bad-fredeburg.de
e-mail: kurverwaltung@bad-fredeburg.de
Preisangabe Stand Mai 2003, vorbehaltlich Änderung